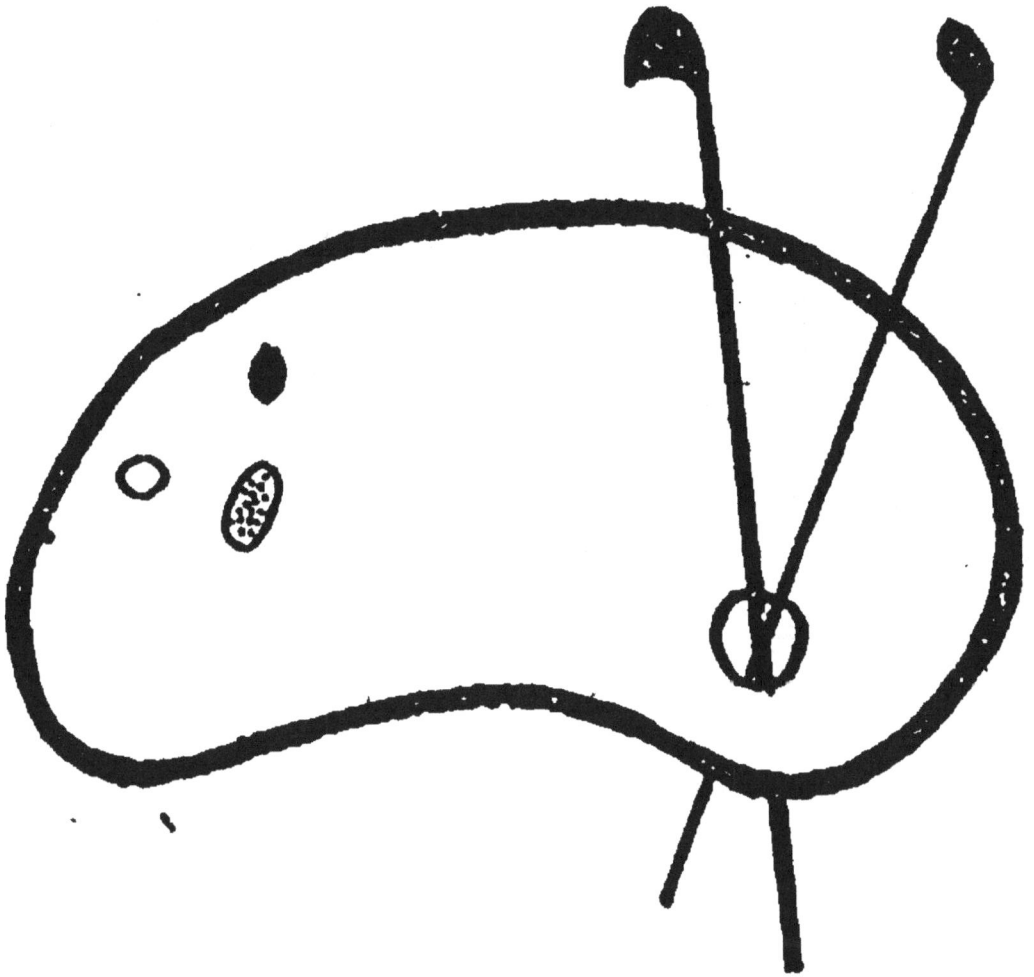

COUVERTURE SUPÉRIEURE ET INFÉRIEURE
EN COULEUR

GUIDE-BIJOU

DE L'ANJOU

PARAISSANT

TOUS LES TRIMESTRES

—:::—

ÉTÉ

15 Juillet 1890

—:—

G. PARÉ, Éditeur

GUIGNOLET COINTREAU
D'ANGERS

MARQUE DÉPOSÉE

TRIPLE SEC COINTREAU
D'ANGERS

302

Angers, Tours à Paris

GARES	DIRECT 1re 2e 3e	OMNIBUS 1re 2e 3e	EXPRESS 1re 2e 3e	OMNIBUS 1re 2e 3e	OMNIBUS 1re 2e 3e	MIXTE 1re 2e 3e	DIRECT 1re	DIRECT 1re
	matin	matin	matin	matin	soir	soir	soir	soir
ANGERS............	2 19	6 30	10 29		2 57	5 20	9 35	5 10
Trélazé............	»	6 42	»	12 12	3 10	5 38	»	»
La Bohalle.........	»	6 52	»	12 21	3 21	5 46	»	»
St-Mathurin........	»	7 »	»	12 30	3 22	6 »	»	»
La Ménitré.........	2 52	7 10	11 57	12 37	3 42	6 10	10 1	»
Les Rosiers........	»	7 19	10 38	12 46	3 52	6 23	1	»
St-Clément.........	»	7 26	»	12 53	3 59	6 32	»	»
St-Martin..........	»	7 33	»	12 59	4 »	6 »	»	»
SAUMUR............	3 26	7 52	11 16	1 15	4 31	6 41	10 30	5 56
Varennes...........	»	8 05	11 26	1 25	4 45	7 03	»	»
Port-Boulet........	3 30	8 20	11 35	1 35	5 01	7 38	10 50	6 13
La Chapelle........	»	8 30	»	1 47	5 14	7 51	»	»
St-Patrice.........	»	8 42	»	1 55	5 27	8 »	»	»
Langeais...........	4 23	8 59	11 55	2 12	5 46	8 30	11 16	6 35
Cinq-Mars..........	»	9 »	»	2 19	5 58	8 42	»	»
Savonnières........	»	9 18	»	2 29	6 11	8 57	»	»
TOURS............ { arr.	5 »	9 42	12 33	2 51	6 35	9 32	11 48	7 14
{ dép.	6 »	11 3	12 27	3 24	7 »	»	7 9	7 9
BLOIS.............	7 »	9 12	1 40	3 »	8 30	»	1 57	8 30
PARIS.............	10 39	6 58	4 48	10 46	11 58	»	5 7	11 58

Paris, Tours à Angers

GARES	CONVOIS 1re 2e 3e	DIRS 1re 2e 3e	DIRECT 1re 2e 3e	DIRS 1re cl.	CONVOIS 1re 2e 3e	CONVOIS 1re 2e 3e	CONVOIS 1re 2e 3e
	matin	matin	soir	soir	soir	soir	matin
PARIS..........	9 25	11 20	midi 20	8 35	11 45	11 15	min 15
Étampes.........	10 31	nuit 11		9 50	1 5		2 54
Les Aubrais......	midi	1 4		11 2	2 34		4 11
BLOIS·...........	1 27	2 »		12 18	3 56		7 53
TOURS..... { arr.	2 58	3 6		1 30	5 9	5 55	9 52
{ dép	5 25	2 53	8 17	1 23	4 51	7 15	10 47
St-Pierre-des-Corps.	»	3 5	»	1 40	5 7	»	11 »
Savonnières ...	5 46	»	9 9	»	5 28	7 37	11 21
Cinq-Mars.....	5 58	»	9 22	»	5 39	7 50	11 32
Langeais	6 8	3 30	9 30	2 13	5 46	8 »	11 39
St-Patrice.....	6 21	»	9 41	»	5 58	8 11	11 51
La Chapelle....	6 32	»	9 56	»	6 9	8 26	12 2
Port-Boulet.......	6 43	3 50	10 7	2 38	6 18	8 39	12 11
Varennes....	6 51	»	10 19	»	6 29	8 51	12 22
SAUMUR.........	7 12	4 9	10 42	3 3	6 52	9 12	12 39
St-Martin......	7 25	»	»	»	7 6	9 26	12 51
St-Clément	7 32	»	»	»	7 13	9 33	12 57
Les Roziers....	7 39	4 25	»	»	7 21	9 41	1 4
La Ménitré.....	7 48	4 32	11 13	3 28	7 32	9 52	1 13
St-Mathurin...	7 55	4 38	»	»	7 40	10 »	1 20
La Bohalle.....	8 5	»	» •	»	7 51	10 11	1 29
Trélazé	8 15	»	»	»	8 2	10 22	1 39
ANGERS..........	8 32	4 57	11 53	3 57	8 21	10 41	1 51
	soir	soir	soir	matin	matin	matin	soir

Angers, Le Mans, Paris

GARES		OMNIBUS 1.2.3.	OMNIBUS 1.2.3.	RAPIDE 1.2.3.	OMNIBUS 1.2.3.	DIRECT 1.2.3.	EXPRESS	OMNIBUS 1.2.3.	OMNIBUS 1.2.3.	DIRECT 1.2.3.	OMNIBUS 1.2.3.
		matin	matin	matin	matin	soir	soir	soir	soir	soir	soir
ANGERS	arr.	✗									
La Maître-École	dép.	✗	5 50	10 15	11 40	1 25	5	3 40	7 12	9 25	✗
ANGERS (Saint-Serge)	dép.	✗	5 54		11 44			3 46	7 18	9 29	✗
Écouflant		✗	5 55		11 45			3 47	7 19	9 30	✗
St-Sylvain-Briollay		✗	6 3 10	11 57		5 56	3 40	7 32		9 40	
Tiercé		✗	6 11	10 26	12 6		5 11	4 17	7 44		
Étriché		✗	6 22		12 18			4 34	8 1		
Morannes		✗	6 29 10 46	12 28	1 53	4 46		8 12	10 3		
Pincé-Précigné		✗	6 42	12 42	2 6		4 55	8 22			
SABLÉ	arr.	✗	6 51	12 51			5 18	8 45			
	dép.	8 2	7 3 11 13	1 4	2 23	5 57	5 36	9 3 10	✗		
Noyen		8 26	7 6 11 16	1 12	2 36	6 23	6	9 33 11	6 11	12 22	
La Suze		8 14 12	7 36	1 51	2 6	6 36	6 55	10 13	6 11	40	
LE MANS	arr.	8 36	7 49 12 6	2 33	3 26	6 57	7 44	10 51	40 12 20		
	dép.										
Chartres		✗	8 30 12 25	7 30	3 59	9 40 12 2	9 25	11 53 12 30			
Versailles		✗	10 47 2 31	5 59	10 59	2 19	9 29	2 29 3			
PARIS {Montparnasse		✗	12 53 3 49	7 33	11 30	3	9 30	4 7 4 32			
St-Lazare}		✗	12 45 4 24	7 35				4 40 5 5			

ANGERS — Le Mans — Paris

OUEST

4

Paris, Le Mans, Angers

GARES	OMNIBUS 1 2 3 matin	EXPRESS 1 2 cl. matin	RAPIDE 1 cl. matin	OMNIBUS 1 2 3 soir	OMNIBUS 1 2 3 matin	EXPRESS 1 2 cl. matin	EXPRESS 1 2 3 soir	DIRECT 1 2 3 soir	EXPRESS 1 2 cl. soir	OMNIBUS 1 2 3 soir
PARIS {St-Lazare	→	6 30	11 1	»	»	»	»	9	»	10 30
PARIS {Montparnasse	»	7 30	»	»	11 30	»	»	»	»	»
Versailles	5 10	7 33	11 33	»	11 51	5 22	»	9 35	10 34	4
Chartres	8 20	9 22	midi 49	10 48	1 12	7 12	»	11 50	1 18	»
LE MANS dép	11 11	2 33	2 33	2	9 33	3 55	9 33	1 10	1 33	4 30
La Suze	9 30	midi 6	3	5 40	3 35	9 41	1 50	2 10	5 43	
Noyen	10 6 12	26	»	6 »	2	10 05	1 49	»	6 11	
SABLÉ	10 22 12 40	»	6 22	5 »	10 20	»	»	6 20		
Pincé-Précigné	11 18 1 5	3 54	6 55	»	10 32	2 10	3 6	7 06		
Morannes	11 30	»	»	6 11	»	»	»	7 19		
Étriché	11 48	»	»	7 20	11 11	»	3 31	7 25		
Tiercé	11 9 1 31	4 20	»	7 30	11 25	»	»	7 43		
St-Sylvain-Briollay	12 19	»	»	7 42	»	»	»	7 51		
Écouflant	12 36	»	»	7 55	»	»	»	4		
ANGERS (Saint-Serge)	12 48 1 52	4 39	4	11 46	»	3 52	7 14			
La Maître-École	1 3 2 6	4 51	»	»	»	3 5	7 43			
ANGERS { arr	12 53 1 30	4 46	11 33	»	»	3 59	7 51			
ANGERS { dép	1 7 2 3	4 30	»	11 33	»	4 4	8 30			

Angers, Nantes, Saint-Nazaire, Le Croisic

GARES		DIRECT 1.2.3	OMNIBUS 1.2.3	OMNIBUS 1.2.3	EXPRESS 1.2.3	OMNIBUS 1.2.3	EXPRESS 1.2.l	OMNIBUS 1.2.3	OMNIBUS 1.2.3	OMNIBUS 1.2.3
		matin	matin	matin	soir	soir	soir	soir	matin	soir
ANGERS		4 20	6 »	11 »	» 10	4 »	5 12	6 55	8 45	8 54
La Pointe		»	6 12	11 13	2 45	5 55	»	8 »	8 57	9 »
Les Forges		»	6 20	11 21	2 58	4 »	7 »	8 17	9 »	9 5
La Possonnière		4 38	6 31	11 32	2 29	3 7	7 30	7 30	9 12	9 13
Saint-Georges		»	6 43	11 48	2 29	3 16	5 52	7 40	9 »	9 25
Champtocé		»	6 57	12 »	2 43	3 39	5 55	7 54	9 »	9 34
Ingrandes		»	7 »	12 11	»	3 42	5 49	»	»	9 46
Varades		5 4	7 23	12 25	»	3 33	»	8 20	»	9 55
Anetz		»	7 33	12 35	»	3 33	5 59	8 20	»	10 8
Ancenis		5 19	7 32	12 50	3 11	4 35	6 13	8 47	»	10 29
NANTES ar.		5 55	8 53	1 51	3 50	5 55	6 46	9 53	»	11 11
NANTES dep.		6 10	9 10	2 10	4 »		7 14			
	ar.	»	9 43	4 30	5 55		7 33			
SAINT-NAZAIRE dep.		8 34	10 50	4 45	4 »		» 38			
Pornichet		9 4	4 16	4 13	6 31		9 20			
Escoublac-la-Baule		9 14	4 25	5 23	6 40		9 22			
Le Pouliguen		8 22	11 32	5 30	6 47		9 34			
Le Croisic		9 34	11 45	5 42	7 »		9 45			

Le Croisic, Saint-Nazaire, Nantes, Angers

GARES		1.2.3.	1.2.3.	1.2.3.	1.2.3.	1.2.3.	1.2.3.	1.2.3.	1.2.3.	DIRECT 1.2.3.
		matin	matin	matin	matin	soir	soir	soir	soir	soir
LE CROISIC		»	5 20	»	» 10 35	4 30	4 30	»	»	»
Le Pouliguen		»	5 33	»	11 33	4 53	4 53	»	7 30	»
Escublac-la-Baule		»	5 42	»	12 45	5 31	4 52	»	7 43	»
Pornichet		»	5 50	»	12 55	5 39	5 30	»	7 51	»
St-NAZAIRE	arr.	»	6 05	»	12 33	5 59	5 50	»	7 59	»
St-NAZAIRE	dép.	»	6 35	»	1 »	6 12	6 11	7 05	» »	»
	arr.	»	» 25	»	» 33	» 11	» 11	9 30	» 35	»
NANTES	arr.	»	6 35	»	11 55	3 »	r.l.	» 30	» 35	»
NANTES	dép.	6 10	» 25	» 55	12 5	3 10	5 35	9 40	7 30	11 55
Ancenis		6 4	9 1	9 51	1 5	3 46	5 18	11 6	7 6	12 41
Anetz		7 13	»	10 1	1 15	»	5 29	» 22	7 35	13 59
Varades		7 22	9 15	10 12	1 20	6 30	6 30	»	11 35	1 12
Ingrandes		7 33	9 25	10 24	1 »	6 42	6 32	»	12 11	»
Champtocé		7 42	»	10 34	1 »	»	6 »	»	»	»
St-Georges		7 »	»	10 46	2 »	4 12	7 16	»	»	»
La Possonnière		7 41	9 40	10 57	2 16	4 55	7 25	12 44	1 41	»
Les Forges		1 49	»	11 »	2 22	»	7 42	»	»	»
La Pointe		4 58	» 21	11 15	2 31	»	» 51	»	»	»
ANGERS		5 15	10 36	11 30	2 45	4 30	9 »	»	2 5	»

ORLÉANS

7

Angers à la Flèche

r2'3'	r2'3'	r2'3'		GARES		Lire de bas en haut		
matin	soir	soir				matin	soir	soir
5 30	1 40	5 50		ANGERS St-L....		8 38	1 36	8 49
5 49	2 9	6 9		Ples.-Pellouail..		8 15	1 9	8 26
5 59	2 25	6 19		Ville-Lev. Corzé.		8 4	12 51	8 15
6 10	2 41	6 29		Seiches.........		7 56	12 37	8 7
6 26	3 3	6 43		Lésigné........		7 41	12 16	7 53
6 36	3 20	6 52		Durtal........		7 31	12 1	7 43
6 47	3 38	7 3		Bazouges......		7 19	11 42	7 31
6 59	3 53	7 15		LA FLECHE......		7 7	11 25	7 10
matin	soir	soir				matin	matin	soir

Lire de haut en bas | | | | | | r2'3' | r2'3' | r2'cl. |

La Flèche à la Suze

r2'3'	r2'3'	r2'3'		GARES		Lire de bas en haut		
matin	matin	soir				matin	soir	soir
4 55	11 15	4 55		LA FLÈCHE.......		7 50	3 »	7 40
5 4	11 27	5 4		Verron.........		7 42	2 49	7 32
5 20	11 50	5 20		Villaines		7 20	2 28	7 19
5 31	12 11	5 32		Malicorne		7 16	2 9	7 6
5 40	12 30	5 41		Mezeray		7 6	1 47	6 56
5 54	12 51	5 55		LA SUZE........		6 50	1 25	6 40
6 35	2 6	6 38				6 11	1 14	6 8
7 »	2 33	6 57		LE MANS........		[5 43	12 35	5 40

Lire de haut en bas | | | | | | r2'3' | r2'3' | r2'3' |

La Flèche à Saumur

1ᵉ2ᵉ3ᵉ	1ᵉ2ᵉ3ᵉ	1ᵉ2ᵉ3ᵉ		GARES		Lire de bas en haut		
matin	matin	soir				matin	matin	soir
7 15	10 25	4 15		LA FLÈCHE......		6 52	3 30	8 52
7 31	10 46	4 30		Clefs.........		6 39	3 12	8 38
7 52	11 13	4 48		Beaugé........		6 22	2 44	8 19
8 9	11 32	5 1		Jumelles-Drion		6 7	2 18	8 1
8 24	11 51	5 15		Langres........		5 55	1 56	7 48
8 37	12 11	5 31		Vivy.........		5 43	1 35	7 31
8 50	12 30	5 41		Saumur.........		5 30	1 15	7 20
10 42	12 39	6 52				3 22	1 11	6 58
11 53	1 51	8 21		ANGERS.........		2 10	midi	5 20

Lire de haut en bas

| | | | 1ᵉ2ᵉ3ᵉ | 1ᵉ2ᵉ3ᵉ | 1ᵉ2ᵉ3ᵉ |

Angers à Nantes par Segré

1ᵉ2ᵉ3ᵉ	1ᵉ2ᵉ3ᵉ	1ᵉ2ᵉ3ᵉ		GARES		Lire de bas en haut		
matin	matin	soir				matin	soir	soir
»	7 58	3 51		ANGERS (St-L.)...		10 56	6 33	10 50
»	9 11	4 55		Segré...........		9 48	5 15	9 42
3 45	9 43	5 10		Chazé-s-Argos.		9 25	3 57	9 22
3 57	9 55	5 21		Angrie-Loiré ..		9 14	3 46	9 12
4 7	10 5	5 31		Candé.........		9 3	3 35	9 1
4 16	10 11	5 39		Reigné........		8 51	3 26	8 52
4 26	10 21	5 49		St-Mars-l-Jaille		8 41	3 16	8 42
4 34	10 32	5 57		Pannec-Riaillé		8 36	3 7	8 31
4 47	10 43	6 10		Teillé (h).		8 25	2 56	8 23
4 55	10 51	6 16		Teillé-Mouzeil.		8 15	2 46	8 14
5 1	10 57	6 22		Ligné.........		8 9	2 40	8 7
5 11	11 7	6 32		St-Mars-d-Dés .		7 58	2 29	7 56
5 21	11 17	6 42		Carquefou.....		7 47	2 18	7 45
5 37	11 33	6 57		Doulon........		7 32	2 3	7 30
5 49	11 45	7 0		NANTES (E.).....		7 20	1 51	7 17
6 »	11 56	7 20		PAIMBŒUF.......		7 8	1 38	7 5
6 45	12 12	»				»	12 23	6 45
9 3	3 2	»				»	9 45	4 28

Lire de haut en bas

| | | | | | | 1ᵉ2ᵉ3ᵉ | 1ᵉ2ᵉ3ᵉ | 1ᵉ2ᵉ3ᵉ |

GUIDE BIJOU

L'ANJOU

Paraissant tous les Trois Mois

————— ▪▪▪▪ —————

TARIF DES ANNONCES

POUR UNE ANNÉE

1 page avec 1,000 exemplaires......	100 fr.
1/2 — — 500 —	60 fr.
Bas de page........................	15 fr.

————— ◆◆◆ —————

Prix de l'exemplaire : 10 c.

————— ◆◆◆ —————

1,000 exemplaires..................	50 fr.
500 —	30 fr.
100 —	7 fr.

Angers à Rennes par Segré

GARES	1'2'3'	1'2'3'	1'2'3'	1'2'3'	1'2'3'	1'2'3'
	matin	matin	matin		soir	soir
ANGERS............ arr.	»	6 20	8 3	»	3 48	8 10
SEGRÉ.......... { arr.	»	7 30	9 16	»	4 55	9 16
{ dép	3 22	»	9 42	»	5 6	9 36
Noyant............	3 31	»	9 55	»	5 18	9 50
Combrée..........	3 42	»	10 3	»	5 26	10 »
Vergonnes........	3 48	»	10 10	»	5 33	10 8
Pouancé	3 57	»	10 22	»	5 43	10 19
Soudan..........	4 10	»	10 35	»	5 56	10 34
CHATEAUBRIANT. { arr.	4 20	»	10 44	soir	6 4	10 44
{ dép	6 31	»	11 20	2 31	6 16	»
Noyal.............	6 45	»	11 31	2 42	6 27	»
Martigné..........	7 1	»	11 47	2 58	6 43	»
Martigné......... dép	7 20	»	midi	»	6 53	les
La Forêt..........	7 37	»	12 20	»	7 10	mardis
La Guerche........	7 52	»	12 51	»	7 26	3 17
St-Germain........	8 9	»	1 13	»	7 43	3 45
Argentré..........	8 20	»	1 28	»	7 51	4 4
Vitré.............	8 39	»	1 51	»	8 13	4 27
Martigné..........	7 5	matin	11 50	3 3	6 48	»
RENNES........ { arr.	8 35	»	1 20	4 35	8 18	»
{ dép	10 40	5 6	3 26	»	8 23	»
St-Brieuc........	1 27	8 25	6 20	»	10 17	»
Morlaix...........	3 59	10 59	8 40	»	»	»
BREST..........	5 30	12 31	10 12	»	»	»
	soir	soir	soir	soir	soir	soir

Rennes à Angers par Segré

GARES	1ᵉ 2ᵉ 3ᵉ	1ᵉ 2ᵉ 3ᵉ	1ᵉ 2ᵉ 3ᵉ	1ᵉ 2ᵉ 3ᵉ	1ᵉ 2ᵉ 3ᵉ	
	matin	matin	matin	matin	matin	»
BREST............	»	11 25	»	»	8 35	»
Morlaix!...........	»	1 7	»	»	10 21	»
Saint-Brieuc........	»	4 14	»	6 12	12 51	»
RENNES......{ arr.	»	6 58	»	8 35	3 25	»
........{ dép	4 4	»	11 41	8 48	5 13	»
Martigné............	5 32	»	1 13	10 17	6 41	»
Vitré..............	4 5	»	9 27		5 6	»
Argentré...........	4 25	»	9 52		5 26	»
Saint-Germain.......	4 37	»	10 6		5 37	»
La Guerche........	4 56	»	10 35		5 53	»
La Forêt...........	5 12	»	10 55		6 9	»
Martigné......... arr.	5 27	»	11 13		6 23	»
Martigné............	5 35	matin	1 18	10 20	6 44	»
Noyal.............	5 53	»	1 35	10 37	7 1	»
CHATEAUBRIANT.{ arr.	6 5	»	1 47	10 49	7 12	»
.{ dép	6 15	8 40	2 35		8 30	»
Soudan............	6 54	8 48	2 46	dim.	8 47	»
Pouancé............	7 10	9 1	3 5		9 »	»
Vergonnes..........	7 21	9 10	3 18	et	9 9	»
Combrée...........	7 29	9 17	3 27		9 16	»
Noyant............	7 39	9 26	3 38	fêtes.	9 24	»
SEGRÉ...........{ arr.	7 49	9 36	3 52	»	9 35	»
.{ dép	7 55	9 50	5 15	6 »	9 42	»
ANGERS Saint-Serge..	9 4	10 58	6 33	8 5	10 50	»
	matin	matin	soir	soir	soir	»

Angers à Segré et Laval

GARES	1.2.3.	1.2.3.	1.2.3.	1.2.3.	1.2.3.	1.2.3.
	matin	matin	matin	soir	soir	soir
ANGERS (St-Serge)....	6 26	8 3	»	3 48	»	8 10
Avrillé................	»	8 15	»	4 1	»	8 22
Montreuil-Belfroi ...	6 41	8 22	»	4 7	»	8 28
La Membrolle........	6 51	8 35	»	4 17	»	8 38
Le Lion-d'Angers....	7 8	8 58	»	4 33	»	8 51
Andigné..............	7 18	9 4	»	4 43	»	9 4
SEGRÉ.......... { arr.	7 30	9 16	»	4 55	»	9 16
SEGRÉ.......... { dép	8 00	9 45	11 21		4 6	9 47
La Ferrière..........	8 14	9 58	11 39	Le Samedi	4 21	10 »
Chemazé.............	8 40	10 9	11 52	Le Samedi	4 34	10 13
Châteaugontier .... { arr.	8 55	10 20	12 4		4 47	10 25
Châteaugontier .... { dép	9 0	10 22	12 20	6 5	5 »	10 38
LAVAL...............	9 58	12 20	1 11	7 31	6 50	11 58
	matin	soir	soir	matin	soir	soir

Laval et Segré à Angers

GARES	1ʳ 2ᵉ 3ᵉ	1ʳ 2ᵉ 3ᵉ	1ʳ 2ᵉ 3ᵉ	1ʳ 2ᵉ 3ᵉ	1ʳ 2ᵉ 3ᵉ	1ʳ 2ᵉ 3ᵉ
	matin	matin	matin	soir	soir	soir
LAVAL.............	»	7 31	10 33	2 10	9 31	7 18
Châteaugontier.... { arr.	»	8 38	12 35	4 7	10 48	8 19
{ dép	2 48	8 53	2 13	4 23		8 41
Chemazé............	»	9 8	2 30	4 43		8 56
La Ferrière.........	»	9 20	2 42	»	a	9 7
SEGRÉ........... { arr.	3 47	9 30	2 53	5 2		9 15
{ dép	7 55	9 50	»	5 15	6 »	9 42
Andigné............	8 7	10 2	»	5 29	6 17	9 54
Le Lion-d'Angers...	8 20	10 15	»	5 41	6 47	10 8
La Membrolle.......	8 36	10 30	»	6 2	7 20	10 23
Montreuil-Belfroi...	8 47	10 41	»	6 15	7 43	10 31
Avrillé.............	8 53	10 47	»	6 22	7 51	10 40
ANGERS (St-Serge)....	9 4	10 58	»	6 33	8 5	10 50
	matin	matin	soir	soir	soir	soir

a. Ce train n'a lieu que les dim. et jours de fêtes.

Le Mans, Aubigné, La Flèche, Sablé, Laval

Lire de haut en bas

	GARES				matin	soir	soir	soir
					2 15	7 5	midi	4 55
					3 7	8 6	12 55	6 4
					6 7	8 12	1 25	6 15
					6 13	8 17	1 43	6 24
					6 25	9 3	2 7	6 40
	dép.	LE MANS	arr.		6 45	9 19	2 31	6 54
	arr.	AUBIGNÉ	dép.		6 55	9 36	2 22	
	dép.	La Chapelle aux Choux	arr.		6 58	9 40	2 53	7 13
		Le Lude				9 55	4 7	7 49
		Luché-Pringé				10 7	4 17	7 58
		Thoreil				10 30	4 41	8 30
	arr.	LA FLÈCHE	dép.			10 30	5 6	8 39
	dép.	Verron	arr.			11 3	5 24	8 53
		Crosmières-le-Bailleul				11 15	7 16	
		La Chapelle du Chêne				8 3	1 57	
	arr.	SABLÉ	dép.		8 41	1 55	8 8	
	dép.	GENNES LONGUEFUYE	arr.		8 46	5 24	10 54	
		LAVAL			9 35	6 50	11 51	

Lire de haut en bas

Lire de bas en haut

	GARES				matin	soir	soir	soir
	arr.	LE MANS	dép.		9 23	2 14	6 37	10 53
	dép.	AUBIGNÉ	arr.		8 18	1 9	5 41	9 41
	arr.	La Chapelle aux Choux	dép.		5 12	5 30	5 30	8 55
		Le Lude			12 30	3 15	3 15	8 44
		Luché-Pringé			12 17	5 3	5 3	8 31
		Thoreil			11 51	4 40	8 15	
	dép.	LA FLÈCHE	arr.		11 43	4 34	8 9	
	arr.	Verron	dép.		5 11	4 19	7 55	
		Crosmières-le-Bailleul			10 34	7 9		
		La Chapelle du Chêne			10 10	7 2		
	dép.	SABLÉ	arr.		5 40	9 50	6 44	
	arr.	GENNES LONGUEFUYE	dép.		10 41	5 56	6 25	
		LAVAL			9 31	12 3	10 33	2 10

Lire de bas en haut

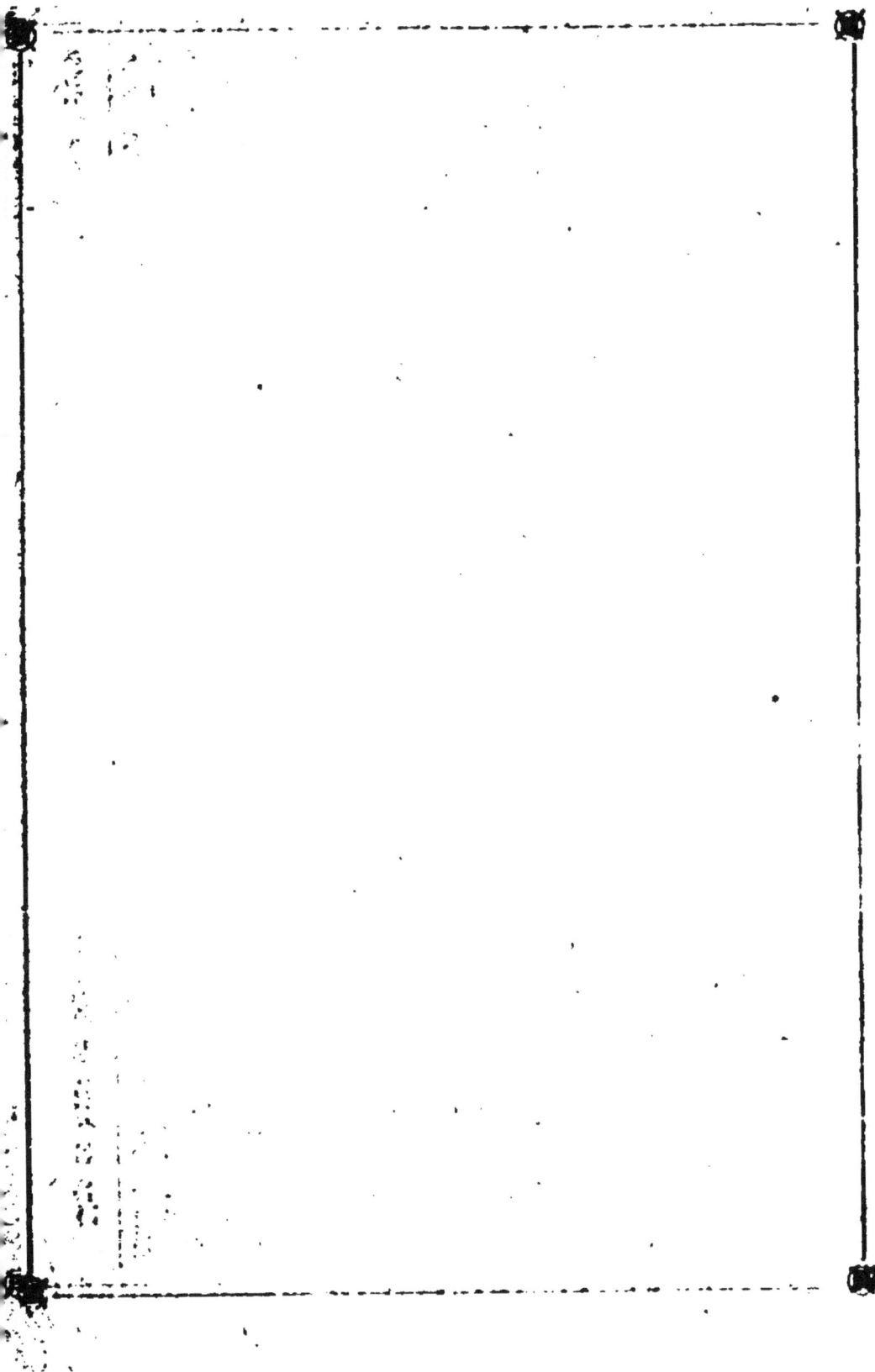

Saumur à Paris

GARES	MIXTE 1.2.3 matin	MIXTE 1.2.3 matin	EXPRESS 1.2.3 soir	OMNIBUS 1.2.3 soir	MIXTE 1.2.3 matin	OMNIBUS 1.2.3 soir	EXPRESS 1.2.3 soir	EXPRESS 1.2.3 soir	OMNIBUS 1.2.3 matin	MIXTE 1.2.3 matin	OMNIBUS 1.2.3 matin
SAUMUR (État)............	7 35	11 25	»	2 52	»	5 20	»	»	»	»	»
Chantilly................	7 36	11 36	»	3 4	»	5 31	10 59	11 46	»	»	»
SAUMUR (Orl.) ...... { arr.	7 47	11 44	1 34	3 12	»	5 39	11 7	11 53	»	»	»
SAUMUR (Orl.) ...... { dép.	7 55	11 54	1 39	3 16	»	5 43			»	»	»
Vivy....................	8 11	midi 10		3 28	»	5 57			»	»	»
Été.....................	8 20	12 19		3 36	»	6 6			»	»	»
Vernantes...............	8 33	12 33		3 47	»	6 10			»	»	»
Linière-Bonton..........	8 46	12 45	2 15	3 58	»	6 31	11 44		»	»	»
Noyant-Méon.............	9 1	12 58		4 10	»	6 45			»	»	»
Meigné..................	9 11	1 7		4 19	»	6 54	»	»	»	»	»
Le Tanchet..............	9 19	1 15	»	4 26	»	7 2	»	»	»	»	»
Château-la-Vallière.....	9 34	1 57	2 34	4 40	8 44	7 18	12 4	1 12	»	»	»
Château-du-Loir.........	10 21	2 19	3 »	5 22	9 14	7 38	12 33	»	»	»	»
La Chartre..............	10 53	2 45	»	5 52	9 38	8 38	»	1 46	»	5 29	6 35
Pont-de-Braye...........	11 10	3 4	3 32	6 12	9 53	8 59	1 10	1 57	»	5 55	7 6
Bressé-sur-Braye........	11 27	3 18	3 43	6 33		9 14	1 21	»	5 5	6 18	»
Courtalain..............	12 47	»	4 37	7 53		10 35	2 17	2 53	5 5	7 38	»
CHARTRES ...... { arr.	2 47	»	5 46	9 26	»	12 4	3 26	4 5	5 5	9 15	5 5
CHARTRES ...... { dép.	3 31	»	5 56	9 47	9 59	12 13	3 33	4 14	6 35	9 27	6 35
Versailles..............	4 59	»	7 5	10 59	11 29	1 49	4 46	5 23	7 6	10 56	9 —
PARIS (Montp.)..........	5 25	»	7 30	11 30	11 59	2 27	5 10	5 45	9 25	11 30	9 25

Paris à Saumur

GARES		MIXTE 1.2.3 matin	OMNIBUS 1.2.3 matin	EXPRESS 1.2.3 matin	OMNIBUS 1.2.3 matin	OMNIBUS 1.2.3 soir	MIXTE 1.2.3 soir	EXPRESS 1.2.3 soir	EXPRESS 1.2.3 soir	MIXTE 1.2.3 soir
PARIS (Montp.)	arr.	*		7 55	*	12 50	*	7 55	8 30	11 25
Versailles	dep.	*		8 24	*	1 13		8 24	8 53	11 52
CHARTRES	arr.	*	3 35	9 39	*	2 41	5 ..	9 32	10 6	1 24
	dep.	6 ..	5 35	9 34	*	3 51	6 33	9 41	10 12	1 33
Courtalain		7 45	6 4	10 20	10 12	4 21	7 17	10 33	11 33	2 57
Bessé-sur-Braye		8 55	6 25	11 31	11 45	5 22	7 32	11 38	12 10	3 52
Pont-de-Braye		9 15	6 54	11 49	12 32	5 35	.. ..	11 51	12 25	4 7
La Chartre		9 34		*	1 10	5 53	8 ..	*	*	4 21
Château-du-Loir		10 3		12 32	1 26	6 35	9 10	12 28	1 2	4 51
Château-la-Vallière		10 48		12 45	1 58	7 10	9 41	12 52	→	5 24
Le Tanchet		11 1			2 35	7 32	*			5 35
Meigné		11 9			2 48	7 30	*			5 43
Noyant-Méon		11 20		1 3	2 56	7 40	*	1 13		5 54
Linières		11 29		→	3 ..	7 49	*	→	→	6 4
Vernantes		11 43			3 17	*	*			6 14
Blois		11 54			3 30	*	*			6 24
Vivy		12 2			3 41	*	*			6 31
SAUMUR (Orl.)	arr.	12 15		1 36	3 49	*	*	1 48	2 22	6 42
	dep.	12 23		1 43	4 2	*	*	1 54	2 28	6 53
Nantilly		12 31			4 14	*	*			7 ..
SAUMUR (Etat)		12 41			4 34	*	*			7 11
		soir	soir	soir	soir	soir	soir	matin	matin	matin

Saumur à Bordeaux

GARES		MIXTE 1.2.3 matin	MIXTE 1.2.3 matin	EXPRESS 1.2.3 soir	OMN. 1.2.3 soir	OMN. 1.2.3 soir	MIXTE 1.2.3 matin	EXPRESS 1.2.3 matin	EXPRESS 1.2.3 matin	OMN. 1.2.3 matin
SAUMUR (État)........	dep	✶	10 37	✶	4 11	8 30	8 31	✶	✶	6 50
Nantilly..............		✶	10 44	✶	4 23	8 43	8 37	✶	✶	7 3
SAUMUR (Orléans)	arr	✶	✶	1 38	4 2	8 29	✶	1 48	2 22	6 42
...	dep	✶	✶	1 44	4 14	8 34	✶	1 54	2 28	6 53
Chacé-Varraine......	arr	✶	10 50	✶	4 29	8 49	8 47	✶	✶	7 9
Brézé-St-Cyr........		✶	10 59	✶	4 37	8 56	9 1	✶	✶	7 17
MONTREUIL-BELLAY	arr	✶	11 14	2 12	4 51	9 9	9 18	2 32	2 56	7 29
...	dep	✶	11 24	2 15	4 55	9 14	9 41	2 35	2 59	7 33
THOUARS.............	arr	4 45	11 58	2 36	5 27	9 40	10 17	2 44	3 18	8 1
...	dep	5 42	12 40	2 44	5 51	✶	✶	2 52	3 35	8 14
Airvault.............		6 32	1 39	3 13	6 37	✶	✶	3 19	3 55	8 52
Parthenay...........		7 57	2 32	3 39	7 13	✶	✶	3 44	4 21	8 30
NIORT...............	arr	✶	3 57	4 24	8 19	✶	✶	4 31	5 8	9 31
...	dep	EXPRESS 1.2.3	✶	4 30	8 42	✶	✶	4 40	5 20	10 31
St-Jean d'Angely....	arr	✶	✶	5 26	10 17	✶	✶	5 36	6 38	11 40
Taillebourg.........		✶	✶	5 53	10 49	✶	✶	6 1	7 10	1 15
SAINTES.............	arr	3 33	✶	6 4	11 5	✶	✶	6 12	7 27	1 47
...	dep	4 9	✶	6 24	11 52	✶	✶	6 22	7 53	2 3
Pons.................		4 38	✶	7 6	12 54	✶	✶	6 55	8 38	2 21
Jonzac...............		6 24	✶	7 42	1 32	✶	✶	7 19	9 8	2 48
BORDEAUX (St-Jean).	arr	✶	✶	9 52	4 18	✶	✶	9 ✶	11 13	3 17
		matin	matin	soir	matin	soir	matin	matin	matin	4 54 soir

Bordeaux à Saumur

GARES	MIXTE 1.2.3. matin	MIXTE 1.2.3. matin	OMN. 1.2.3. matin	OMN. 1.2.3. matin	MIXTE 1.2.3. matin	EXPRES 1.2.3. matin	MIXTE 1.2.3. soir	EXPRES 1.2.3. soir	MIXTE 1.2.3. soir	EXPRES 1.2.3. soir	MIXTE 1.2.3. soir
BORDEAUX (St-Jean) .... arr. dep			5 40			8 20	1 40	3		3 35	7 35
Jonzac			7 44		8 45	10 7	4 22	4 53		4 34	7 44
Pons			8 15		11 39	10 36	4 59	5 39		5 59	7 54
SAINTES .... arr. dep			8 51		12 32	11 2	5 44	6 40	5 13	6 32	8 35
Taillebourg			9 31		1 33	11 39		6 52	5 30	6 52	8 40
St-Jean-d'Angély ...... arr. dep			9 49		1 42	11 54		7 10	6 10	7 10	9 12
NIORT .... arr. dep			10 34	5 55	2 10	12 57	2 35	7 30	7 41	7 30	9 25
Parthenay	10	11 46	11 40	6 35	3 1	1 39	3 53	8 10	8 10	8 31	9 41
Airvault	11	12 23	12 22	6 55		1 55		8 35	9 11	8 39	7 45
THOUARS .... arr. dep	12	12 57	12 45	7 10		2 15		9 35	9 35	8 55	7 31
MONTREUIL-BELLAY .. arr. dep	1 35	1 5	1 9	7 35		3 24		10 40	10 10	9 12	8 40
Brézé-St-Cyr	6 35	3 38	1 9	9		4 10		10 39	10 39	9 55	9 12
Chacé-Varrains	7 18	3 55	1 1	9 39		4 21		11 11	10 52	9 30	9 55
Nantilly	7 32			10 11				11 15		9 33	9 33
SAUMUR (État) .... arr.	7 45	3 15	1 36	10 16		6 42					9 3
SAUMUR (Orléans)	7 47	3 12	10 22	10 22		6 39		10 59 11 46		10	

Angers, Montreuil-Bellay, Loudun, Arçay, Poitiers

1.2.3.	1.2.3.	1.2.3.	1.3.3.	1.2.3.		GARES		Lire de bas en haut				
matin	matin	matin	matin	soir				soir	soir	soir	soir	soir
4 40		7 30	11 48	5 57	dép	ANGERS (St-L)...	arr.	9 12	11 45	10 7	7 12	»
4 48		7 45	11 56	6 12		La Maître-École.....		9 5	11 38	9 57	7 5	»
4 56		8 13	12 5	6 24		La Pyramide.........		8 51	11 25	9 30	6 51	»
5 2	La Possonnière	8 22	12 11	6 27		Les Ponts-de-Cé.....		8 45	11 19	»	6 44	»
5 9		8 40	12 18	6 39		Juigné.............		8 39	11 13	9 7	6 38	»
5 16		8 51	12 25	6 46		St-Jean-de-Mauvrets		8 32	11 7	»	6 33	»
5 26		9 23	12 36	6 59		Quincé-Brissac......		8 23	10 58	8 44	6 25	»
5 34		»	»	7 8		Notre-D. d'Alençon..		8 14	»	»	6 17	»
5 43		9 51	12 52	7 19		Thouarcé............		8 5	10 42	8 11	6 9	»
5 51	8 10	10 32	1 1	7 37		Perray-Jouannet.....		7 58	10 35	7 52	6 2	10 37
5 55	8 15	10 38	1 5	7 42		Jouannet-Chavagnes		7 51	10 26	7 15	5 55	»
6 1	8 26	11 »	1 12	7 54		Martigné-Briand		7 45	10 20	7 5	5 49	10 30
6 10	8 38	11 20	1 21	8 4		St-Georges-Châtel...		7 33	10 9	6 37	5 39	10 17
6 24	8 55	11 54	1 35	8 23		Doué-la-Fontaine ...		7 22	9 58	6 16	5 29	10 5
6 32	9 5	12 16	1 44	8 34		Baugé-les-Verchers.		7 11	9 51	5 30	5 21	9 56
6 39	9 13	12 33	1 51	8 43		Le Vaudelenay......		7 2	9 39	4 46	5 10	9 43
6 48	9 26	12 51	2 1	8 54	arr.	Montreuil-Bellay...	dép.	6 50	9 27	4 30	4 59	9 30
7 38	»	1 26	2 21	9 17	dép.		arr.	»	9 19	3 21	4 35	»
8 10	»	3 16	2 57	9 54	arr.	LOUDUN..........	dép.	»	8 42	1 39	3 56	»
8 24	»	4 14	3 10	10 14	dép.		arr.	»	8 17	11 54	3 9	»
8 36	»	4 35	3 22	10 24	arr.	ARÇAY............	dép.	»	8 4	11 32	2 52	»
10 33	»	10 40	5 22	12 17		POITIERS.........	dép.	»	6 5	6 45	12 53	»
		Lire de haut en bas						1.2.3.	1.2.3.	1.2.3.	1.2.3.	1.2 3

Angers, La Possonnière, Cholet, Bressuire et Niort

Ligne de bas en haut

GARES							
		matin	matin	matin	soir	soir	soir
ANGERS	arr.	☓ 36	11 30	☓ 47	☓	☓	⁂
LA POSSONNIÈRE	dép.	6	10 57	2 14	7 34	1 55	⁂
Chalonnes		7 52	10 46	2	7 7	11	⁂
Fourneaux		7 40	10 33	1 50	7 13		⁂
La Jumellière		7 35	10 27	1 45	9		⁂
Chemillé		7 23	10 17	1 35	6 59		⁂
Trémentines		7 10	10 6	1 24	6 48		⁂
CHOLET		6 48	9 48	1 9	6 33		⁂
Maulévrier		6 35	9 30	12 51	6 16		⁂
Châtillon			9 5	12 36	5 55		⁂
Nueil-les-Aubriers			9 ☓	12 12	5 41		⁂
Voultegon			☓	12 54	5 33		⁂
BRESSUIRE	arr.			11 45	5 25		⁂
			☓	11 30	4 55		⁂
BRESSUIRE	dép.	⁂	2 33	2 ⁂	4 23		⁂
Les Sables d'Olonnes	arr.	⁂	5 45	8	2 2		⁂
BRESSUIRE	dép.	⁂	⁂	⁂	8 30		⁂
NIORT	arr.	⁂	⁂	⁂	11 ☓		⁂
		matin	matin	soir	soir	soir	soir

Ligne de haut en bas

GARES						
		matin	matin	soir	soir	soir
ANGERS	dép.	4 20	11 1	2 45	8 54	
LA POSSONNIÈRE	arr.	4 36	11 38	3 14	9 30	
Chalonnes		4 43	11 34	3 25	9 35	
Fourneaux		4 54	11 43	3 32	9 44	
La Jumellière			11 48	3 37		
Chemillé		5 5	12	3 30	10 4	
Trémentines		5 14	12 12	4	10 17	
CHOLET		5 29	12 28	4 17	10 36	
Maulévrier		5 48	12 49	4 36	10 55	
Châtillon		6 4	1 6	4 33		
Nueil-les-Aubriers		6 20	1 24	5 10		
Voultegon		6 32	1 37	5 26		
BRESSUIRE	dép.	6 41	1 46	5 35		
	arr.	6 55	2 2	5 51		
BRESSUIRE	arr.	10 16	3 32	⁂	⁂	
Les Sables d'Olonnes		1 37	6 4	⁂	⁂	
BRESSUIRE	arr.	7 4	2 4	6 11	⁂	
NIORT		9 13	4 23	8 4	⁂	
		matin	soir	soir	soir	

Cholet, Clisson, Nantes (Orléans), Nantes (État)

Lire de bas en haut

GARES		matin	soir	soir	soir	soir
CHOLET	dep	9 7	7 12	6 7	7 10 44
Saint-Christophe-de-B.		8 52	12 17	5 32	10 29
Evrunes-Mortagnes		8 43	12 11	5 45	10 22
Torfou-Tillauges		8 31	11 58	5 28	10 5
CLISSON	dep	7 35	11 31	4 56	9 33
NANTES (Orl.)	arr	7	9 11	4 49	9 21
	dep	6 20	10 30	3 58	8 40
NANTES (État)	arr	5 47	10 20	3 35	8 22
	dep	5 30	10 3	3 18	8 5

GARES

Lire de haut en bas

GARES		matin	matin	soir	soir	soir
CHOLET	dep	5 55	9 25	2 15	7 10
Saint-Christophe-de-B.		6 38	9 38	2 36	7 25
Evrunes-Mortagnes		6 20	9 51	2 59	7 45
Torfou-Tillauges		6 35	10 6	3 22	8 9
CLISSON	arr	7 6	10 34	4 8	8 41
NANTES (Orl.)	dep	7 10	10 46	4 20	9 22
	arr	8 4	11 35	4 56	10 19
NANTES (État)	dep	9 11	11 48	5 10	10 43
	arr	9 14	12 2	5 21	10 57

La Possonnière à Perray-Jouannet

Lire de bas en haut

GARES		matin	soir	soir
LA POSSONNIÈRE	arr	9 33	3 10	8 40
Chalonnes		9 21	2 58	8 31
Fourneaux		9 14	2 48	8 24
Chaudefonds		9 6	2 37	8 16
Saint-Aubin		8 58	2 22	8
PERRAY-JOUANNET	dep	8 21	1 10	7 30

GARES

Lire de bas en bas

GARES		matin	matin	soir	soir
LA POSSONNIÈRE	dep	6 35	11	4 35	
Chalonnes		6 45	11 15	4 45	
Fourneaux		6 54	11 21	4 50	
Chaudefonds		6 58	11 33	4 57	
Saint-Aubin		7 5	11 45	5 4	
PERRAY-JOUANNET	arr	7 45	12 47	5 46	

Lire dehaut airbas

Compagnie générale des Bateaux à vapeur les « ABEILLES »

SERVICE VOYAGEURS ET MESSAGERIES

SERVICE D'ÉTÉ

D'ANGERS A NANTES ET NANTES A ANGERS

PRIX DES PLACES		STATIONS	HEURES	
1re cl.	2e cl.		aller	retour
» »	» »	Angers...............	matin 6 »	soir 8 15
» 60	» 50	La Pointe-Bouchemaine......	6 30	7 40
1 »	» 70	Lombardières-Rochefort......	6 45	7 20
1 40	1 »	Chalonnes-sur-Loire.........	7 10	6 30
1 60	1 15	Montjean................	7 45	5 50
1 95	1 30	Ingrandes...............	8 »	5 30
2 40	1 75	Saint-Florent	8 30	4 50
2 55	1 83	Rabottière-Bouzillé.......	8 55	4 10
3 15	2 15	Ancenis...............	9 15	3 50
3 15	2 15	Champtoceaux	9 40	3 10
3 15	2 15	Pierre-Percée-Louroux-Bott.	10 20	2 15
3 15	2 15	Chebuette-Saint-Julien	10 25	2 »
3 15	2 15	Boire-Courant.............	10 35	1 40
3 15	2 15	Nantes.................	11 15	1 »
			soir	soir

Messageries 10 et 15 fr. les 1,000 kil.

Bureaux à Angers
quai Ligny

Bureaux à Nantes
quai Maillard

SERVICE ENTRE ANGERS ET BRIOLLAY
Dimanches et fêtes. Embarcation : quai Gambetta

PRIX des places	STATIONS	HEURES					
		matin	matin	soir	soir	soir	soir
»	Angers......	6 »	9 »	12 »	2 »	4 »	8 30
» 40	St-Aubin...	»	»	12 20	»	4 25	8 50
» 50	Epinard....	»	»	12 30	»	4 45	9 »
» 40	Ile-d'Amour	6 25	9 25	»	2 20	»	»
» 50	Ecouflant...	6 50	9 50	12 55	2 30	5 »	»
» 75	Briollay....	7 20	10 20	»	»	5 30	»
		matin	matin	soir	soir	soir	soir
»	Briollay....	7 30	10 30	»	»	7 »	»
» 50	Ecouflant...	8 »	11 »	1 »	2 35	7 30	»
»	Ile-d'Amour.	8 20	11 20	1 25	»	7 45	»
»	Epinard	»	»	»	3 »	»	9 »
»	St-Aubin...	»	»	»	3 20	»	9 10
» 75	Angers	8 50	11 50	1 50	3 45	8 25	9 30

Compagnie générale des bateaux à vapeur les « HIRONDELLES »

SERVICE VOYAGEURS ET MESSAGERIES

Service d'été du 15 Mars au 1er Novembre

ANGERS A CHATEAUGONTIER

PRIX DES PLACES		STATIONS	HEURES	
1re classe	2e classe			
» »	» »	Angers............................ dép	6	»
» 50	» 30	Saint-Aubin.......................	6	15
» 70	» 50	Epinard...........................	6	33
» 90	» 65	Montreuil-Belfroy.................	6	50
1 »	» 75	Juigné-Béné.......................	7	»
1 20	» 90	Sautré-Feneu.....................	7	15
1 40	1 10	Roussière-Prulllé................	7	45
1 60	1 30	Grez-Neuville....................	8	»
1 70	1 40	Aubinière-Le Lion................	8	20
1 80	1 50	Montreuil-sur-Maine..............	8	30
2 20	1 70	Chambellay......................	9	10
2 40	1 80	Chenillé-Changé.................	9	15
2 60	1 90	Jaille-Ivon.....................	9	30
2 85	2 »	Daon...........................	9	50
3 30	2 45	Meull..........................	10	20
4 »	2 50	Château-Gontier............. arr.	10	45

Messageries 10 à 15 francs les 1,000 kilos

Compagnie générale des Bateaux à vapeur les « HIRONDELLES »

CHATEAUGONTIER A ANGERS

PRIX DES PLACES		STATIONS	HEURES
1re classe	2e classe		
» »	» »	Château-Gontier .... dép	1 »
1 20	» 60	Meuil.........................	1 40
1 40	» 80	Daon.........................	2 10
1 60	1 20	Jaille-Ivon	2 30
1 80	1 30	Chenillé-Changé................	2 45
2 »	1 35	Chambellay	2 55
2 30	1 50	Montreuil-sur-Maine	3 25
2 50	1 60	Aubinière-Le Lion	3 35
2 70	1 80	Grez-Neuville.................	3 50
3 »	2 »	Roussière-Pruillé.............	4 05
3 10	2 20	Sautré-Feneu.................	4 35
3 30	2 40	Juigné-Béné..................	4 45
3 50	2 50	Montreuil-Belfroy.............	4 55
3 70	2 50	Epinard	5 10
3 85	2 50	Saint-Aubin.................	5 30
4 »	2 50	Angers .... arr.	5 45

Bureaux à Chateaugontier   **Bureaux à Angers**
quai de Lorraine   *quai Gambetta*

SERVICE DE PROMENADE ENTRE ANGERS ET LA POINTE
Tous les dimanches et jours fériés

Départ d'Angers.. 9 h. | 11 h. | 1 h. | 3 h. | 5 h. | 7 h.
Départ de la Pointe 10 h. | midi | 2 h. | 4 h. | 6 h. | 8 h.

Omnibus pour les Ponts-de-Cé et la Pyramide

Boulevard de Saumur

Tous les jours de 7 h. du mat. à 7 h. du soir

Ponts-de-Cé — Erigné	La Pyramide — Trélazé
Dép. toutes les 1/2 h.	Dép. toutes les 40 min.
Les Ponts-de-Cé. » 30	La Madeleine.... 0 20
Erigné .... » 40	La Pyramide..... 0 30
	Trélazé.......... 0 40

Omnibus entre Angers, Sainte-Gemmes, Port-Thibault et Empiré

Tous les SAMEDIS soir à 7 heures 1/2, Départ des Abonnés

Service du Dimanche, ALLER

1er départ (dép. des pêcheurs) pour Ste-Gemmes et Empiré

5 h.	»	»	»	»	»	»	»

Départ pour la Roche du Port-Thibault

5 h.	8 h. 30	midi	1 h.	2 h.	3 h.	6 h.	7 h.

RETOUR

Départ d'Empiré

6 h.	»	»	»	»	7 h. 45	8 h. 45

Départ de la Roche du Port-Thibault

9 h. 30	1 h.	2 h.	3 h.	5 h.	6 h.	7 h.	7 h. 45	8 h. 45

Service du Jeudi

Départs d'Angers à 9 h. du mat. et 1 h. du soir. Dép. de la Roche du Port-Thibault à 10 h. du mat. et 6 h. soir.

N. B. — Pour les dép. du samedi soir à 7 h. 1/2, et du dimanche à 5 h. et 8 h. 1/2 du matin, les voyageurs sont priés de bien vouloir se faire inscrire au bureau, le samedi avant 4 h. pour le dép. du soir; et avant 9 h. pour ceux du dimanche mat. — Prix des places : Billet simple, 60 cent. Billet d'aller et retour, 90 cent.

TARIF MUNICIPAL

DES VOITURES DE PLACES

CONDITIONS DE LOCATION DE LA VOITURE	VOITURES A 1 CHEVAL		VOITURES A 2 CHEVAUX	
	Service de jour	Service de nuit	Service de jour	Service de nuit
L'heure en dedans des limites de la commune.	1 50	2 »	2 »	3 »
1/4 d'heure commencé...	» 40	» 50	» 50	» 75
La course, en dedans des poteaux indicateurs des limites de l'octroi.....	» 75	1 50	1 50	2 50
La course, au delà des poteaux indicateurs des limites de l'octroi jusqu'aux limites de la commune..............	1 25	1 75	1 75	2 75

Art. 19. — Service de jour, de 6 heures du matin à 10 heures du soir. — Service de nuit, de 10 heures du soir à 6 heures du matin.

Art. 28. — Les entrepreneurs de voitures de place et les conducteurs de ces voitures ne pourront exiger des voyageurs, sous peine d'être poursuivis comme contrevenants, des droits plus élevés que ceux portés au tarif qui précède.

Art. 29. — Toute voiture doit porter sur ses deux côtés, en caractères apparents, fixes et lisibles, l'indication du prix de l'heure et de la course, spécialement quand l'entrepreneur fait son service au-dessous du tarif.

Art. 30. — La gratification accordée à titre de pourboire est purement facultative, et les cochers doivent s'abstenir de toute réclamation ou observation à ce sujet.

Extrait de l'article 10

Tout conducteur de voiture est tenu de remettre aux personnes qui voudront faire usage de la voiture, et avant qu'elles y montent, une carte imprimée contenant le tarif et le numéro de cette voiture.

SERVICE HORS DE LA COMMUNE
POUR LE JOUR SEULEMENT

Champ-des-Martyrs	2 fr.	»
Pyramide.....................	3	»
Trélazé......................	4	»
Ponts-de-Cé..................	3	»
Ponts-de-Cé (Saint-Maurille)....	3	»
Avrillé......................	3	»
Saint-Barthélemy.............	2	50
Pruniers.....................	3	50
Bouchemaine.................	6	»
La Pointe....................	7	»
Sainte-Gemmes-sur-Loire.....	3	»
Le Port-Thibault	4	»
Ecouflant....................	5	»
Epinard	5	»

Lorsque les Voyageurs, arrivés au point de destination, garderont la voiture plus d'un quart d'heure, ils paieront 1 fr. 50 l'heure en plus.

Pour toutes les localités non indiquées au présent tarif, MM. les Voyageurs traiteront avec la Direction.

RÉPUBLIQUE FRANÇAISE

PRÉSIDENT DE LA RÉPUBLIQUE FRANÇAISE
M. CARNOT

Ministère

MM.

De Freycinet, président du Conseil, ministre de la Guerre

Constans, ministre de l'Intérieur.

Ribot, ministre des Affaires étrangères.

Rouvier, ministre des Finances, Postes et Télégraphes.

Bourgeois, ministre de l'Instruction publique et des Beaux-Arts.

Fallières, ministre de la Justice et des Cultes.

Barbey, ministre de la Marine.

Yves Guyot, ministre des Travaux publics.

Develle, ministre de l'Agriculture.

Roche, ministre du commerce.

Sénateurs de Maine-et-Loire

MM. le général d'Andigné, baron L. Le Guay, A. Blavier.

Députés de Maine-et-Loire

M. comte de Maillet, Berger, vicomte de la Monnaye, Le Général Lacretelle, Alex. Fairé, de Soland, comte Léonce de Terves.

Préfecture de Maine-et-Loire

MM. H. Ligier, Préfet.

Lebon, secrétaire général.

A. Ligier, chef du cabinet du Préfet.

CONSEIL DE PRÉFECTURE

MM. Boulanger, Assézat, Gordien, Baussire.

E. Laborie, greffier du Conseil.

1er div., 1er bur. M. Hodée, chef, rue Tarin, 12.

—   2e   — M. Gourdon, chef, rue de la Réveillère, 19.

2e div., 1er bur. M. Soyer, chef, rue des Jacobins, 13.

—   2e   — M. Chapeau, chef, r. Boisnet 68.

3e div.. 1er bur. M. Martineau, chef, rue Bodinier, 17.

—   2e   — M. Porcher, chef, rue de Bressigny, 8.

Archives : M. Port, archiviste, rue Bernier.

M. Berger, Inspecteur d'académie.

MM. Goblot, agent-voyer en chef, rue de la Madeleine, 72.

Maugas, pour l'arrondissement d'Angers, rue des Jacobins.

Sous-Préfectures

MM. Cordelet, sous-préfet de l'arrondissement de Baugé.

Peyré, sous-préfet de l'arrondissement de Cholet.

Cottineau, sous-préfet de l'arrondissement de Saumur.

Benoiste, sous-préfet de l'arrondissement de Segré.

Conseillers généraux et d'arrondissements

Arrondissement d'Angers

Cantons	Conseillers généraux MM.	Conseillers d'arr. MM.
Angers (N.-E).	Leroy (Anatole).	
Angers (S-E.)	Bodinier.	
Angers (N.-O).	Oriolle.	
Tiercé.	Richou.	
Chalonnes-s-L.	Frémy.	
St-Georges-s-L.	De Cumont.	
Louroux.	De Castries.	
Ponts-de-Cé.	Boutton.	
Thouarcé.	De Soland.	

Arrondissement de Baugé

Baugé.	Benoist.	
Beaufort.	De Livonnière.	
Durtal.	De Blois.	
Long.	Mondenne Genev.	
Noyant.	Cte de Baumont.	
Seiche.	Vte de Rochebouët	

Arrondissement de Cholet

Beaupréau.	Duc de Blacas.	
Champt.	De la Bourdonnaye	
Chemillé.	Cte de Maillé.	
Cholet.	Baron (Jules).	
St-Florent.	Arnons-Rivière.	
Montfaucon.	De la Blottais.	
Montrevault.	Du Reau.	

Arrondissement de Saumur

Cantons	Conseillers généraux MM.	Conseillers d'arr? MM.
Doué.	Bineau.	
Gennes.	Grignon.	
Montreuil-Bellay	Gigot.	
Saumur (N.-E).	Bruas.	
Saumur (Sud).	Besnard.	
Saumur (N.O.)	Haran.	
Vihiers.	Des Nouhes.	

Arrondissement de Segré

Cantons	Conseillers généraux	Conseillers d'arr.
Châteauneuf.	Janvier de la Motte	
Lion-d'Angers.	L. de Terves.	
Pouancé.	Guibourg.	
Candé.	G de Rochebouët	
Segré.	Marq^{is} d'Andigné.	

Municipalité d'Angers

Maire : M. Guignard, place Falloux.

Adjoints : MM. Montprofit, propriétaire; V. Boulanger, ancien directeur des Contributions; Jozé, ancien directeur des postes; I. Boulanger, propriétaire.

Secrétaire général : M. Joubin.

BUREAUX

MM. Arbello, chef du bureau du secrétariat.
Spal, chef du bureau militaire.
Hervé, chef du bureau d'état civil.
Roëss, chef du bureau du bien public.
Poisson, chef du bureau des élections.
Receveur municipal : M. Rochereau.

SERVICE DES TRAVAUX MUNICIPAUX

Le service de la voirie municipale et des eaux a été remis aux ingénieurs des Ponts-et-Chaussées. Ingénieur en chef, M. Coindre, rue Paul Bert, 35 ; Maréchal, Vidal.

Service d'architecture : M. Aïvas, architecte de la ville, rue du Bellay, 52.

M. Rohard, conducteur des travaux.

COMMISSARIAT CENTRAL DE POLICE

MM. Blanc, commissaire central.

Maurier, brigadier chef, rue Rangeard, 8.

Commissaire de police

MM. Legoult, ancien Palais de Justice (canton N.E.

Gudin, poste de la place Cupif, (canton S.-E.

Loty, poste de la rue St-Nicolas (canton N.-O)

Laurel, rue de la Madeleine, 32.

CAISSE D'ÉPARGNE ET DE PRÉVOYANCE

Les bureaux de la caisse sont établis rue Pocquet-de-Livonnières, ancienne salle du Tribunal civil. La caisse est ouverte le samedi et le dimanche, depuis 11 heures du matin jusqu'à 2 heures, et les jours de foire de midi à 2 heures. — M. Gaultier, caissier.

MONT-DE-PIÉTÉ

Le bureau situé rue Beaurepaire, cour des Tourelles, est ouvert tous les jours, de 10 heures du matin à 2 heures de l'après-midi. MM. Savette, directeur ; N..., caissier.

MUSÉUM DE PEINTURE ET DE SCULPTURE

M. Brunclair, conservateur.

CABINET D'HISTOIRE NATURELLE

M. Maullion, préparateur.

MUSÉE D'ANTIQUITÉS SAINT-JEAN

M. Godard-Faultrier, directeur.

JARDIN BOTANIQUE

M. le Dr Lientaud, directeur.

Cour d'Appel

M. Forquet de Dorne, premier président, rue des Arènes, 22.

M. Chudeau. président de chambre, boulevard de Saumur.

Conseillers. — MM. Mérot, rue du Mail ; Aubry, rue St-Eutrope : Morainville, rue Franklin, 25 ; Jeanvrot, rue Rabelais, 16 ; Barberon, rue de Bel-Air, 48 ; Dumont, rue d'Alsace ; Gallot, rue Desjardin, 38 ; Giron, place du Pélican, 4 ; Lefèvre, hôtel d'Anjou ; Degors.

M. Moras, procureur général, 10, aven. Contades.

M. Bissaud, avoc. génér., aven. de-Contades, 12.

M. Le Poitevin, substitut du procureur général, rue du Bellay, 56.

M. Béhier, greffier en chef, rue Joubert, 13.

MM. Abraham, rue Joubert, 20 *bis* ; Lelong, rue Desjardins, 19 ; Briand, boulev. Ayrault, 30 ; Pichard, rue Joubert ; Jamin, rue Tarin, avoués près la Cour d'appel.

Tribunal civil d'Angers

MM. Jousseaume, président.

Collin, vice-président, rue Appert, 12.

JUGES

MM. Renault-Morlière, juge d'instruction, rue u Haras ; Cattois, rue de Paris, 9 ; Piette, rue o la Préfecture ; Huguet, rue Tarin, et Chancel, uges, rue Franklin ; Baudry, juge suppléant, ue Desjardins.

M. Gremillon, procureur de la République, arvis Saint-Maurice, 6 *bis*.

MM. Trebous et Boulard, substituts du procueur de la République.

M. Dornoy, greffier en chef.

MM. Lenfantin, rue du Commerce ; Grangé, boul. e la Mairie, 6 ; Ricou, rue Ménage, 11 ; Lionel, ue des Cordeliers, 4 ; Pousset, rue St-Joseph, 9 ; Soudée, rue Desjardins, 13 avoués.

Toutes les assignations en matière civile doivent être données à l'audience des lundi et mardi.

Les citations en matière correctionnelle à l'audience des vendredi et samedi.

L'audience des expropriations et des criées se ient le samedi.

Le président tient le mercredi l'audience des éférés.

JUSTICES DE PAIX

MM. Aubert, juge de paix ; Meunier, greffier canton N.-E).

MM. Hervé, juge de paix ; Maslin, greffier, canon S.-E.)

MM. Lacombe, juge de paix ; Mesnard, grefier (canton N.-O.)

COMMISSAIRES PRISEURS

MM. Courtois, quai Ligny ; Larcher de Compigny, place Falloux.

Tribunal civil de Baugé

M. Trombert, président.

MM. Chateau, juge ; Tanqueray, juge d'instruction ; Coudreuse, juge suppléant ; M. Alhaine, procureur de la République ; Côme, substitut ; Fillon, greffier ; Letourneur, Coudreuse, Huet, avoués.

A Baugé, il n'existe ni tribunal de commerce ni tribunal de police municipale ; les affaires de commerce sont portées devant le tribunal civil, le juge de paix connaît de toutes celles qui devraient être soumises au tribunal de police municipale.

Tribunal civil de Cholet

M. Debled, président.

MM. Mallet, Algier, juges ; Gastebled, juge d'instruction ; Garapin, procureur de la République ; Curieux-Dandy, greffier ; Pelletier, Le Boucher et Douet, avoués.

Les audiences commencent à 11 heures du matin.

Le mercredi, 1° détenus ; 2° expédition des affaires sommaires.

Le jeudi, affaires civiles ordinaires.

Le vendredi, affaires commerciales.

Le samedi, affaires correctionnelles en général et demandes en rectifications d'actes de l'état-civil.

M. le président tient le mercredi et le samedi, à 11 heures du matin, audiences des référés.

Tribunal civil de Saumur

M. Bodin, président.

MM. Ballgan, juge ; Chenveau, juge d'instruction ; Maxwel, procureur de la République ; Boisson, juge suppléant ; N..., substitut ; Baudry, greffier ; Beaurepaire, Le Ray, Albert, Lecoy, Coquebert de Neuville, avoués.

Les audiences ont lieu les jeudi et samedi pour le tribunal civil, le vendredi pour la police correctionnelle.

Tribunal civil de Segré

M. Poulet, président.

MM. Lemasson, juge ; Prieur, juge d'instruction ; Lemoigne, procureur de la République ; Bellanger, greffier ; Reveillard, Louis et Gatine, avoués.

Tribunal de Commerce d'Angers

M. Prieur, négociant, rue de Paris, 54, président.

JUGES

MM. Bessonneau, boulevard de Saumur ; Clément Héry, rue Boisnet, 63 ; Chabrun, place Neuve ; Battut, rue St-Georges, 9 ; *Juges suppléant* : Mercier, Cahen, Cointreau, Veille. Hardy, greffier, rue Delaâge. Audiences : vendredi à 1 h.

Tribunal de Commerce de Saumur

M. Eugène Lambert, président.

JUGES

MM. Borel, Girard, Lemoine et Contard ; Colin, greffier. Les audiences sont fixées au lundi à midi.

Evêché d'Angers

ÉVÊQUE

† Msr Charles-Emile Freppel, sacré à Rome, le 18 avril 1870.

VICAIRES GÉNÉRAUX

Mgr Chesneau, Mgr Pessard, MM. Houbart, Goupil et Grimault.

SECRÉTARIAT

MM. Thibault, chanoine, secrétaire général de l'Evêché ; Pinier, pro-secrétaire.

Le secrétariat de l'Evêché est ouvert tous les jours, de 9 h. du matin et de 1 h. à 4 h. du soir, excepté les fêtes et dimanches.

Armée

M. le général Villain, commandant le 9me corps d'armée à Tours.

M. le général Fabre, commandant la 18e division d'infanterie, rue Volney, 7, à Angers.

M. Mourlon, général commandant la 36e brigade d'infanterie, rue des Haras, 7, à Angers.

M. Valet, sous-intendant militaire, rue Loriol de Baruy, 15.

M. Godiller, lieut.-col. du 135e de ligne, rue Paul Bert, 10.

Bureaux de la Sous-Intendance à la Manutention, rue Toussaint, 37.

M. Dumas, lieut.-col., du 71e territorial à Angers.

M. Lejeune, chef de bataillon du génie, à Angers, 5, rue d'Anjou.

M. de Montfouron, major commandant le recrutement à Angers.

Le bureau situé, rue de Brissac, 21, est ouvert

tous les jours, excepté le dimanche, de 8 heures à 10 heures et de midi à 5 heures du soir.

M. Delaunay, officier d'administration comptable des subsistances militaires, rue Toussaint.

MM. Claire, chef d'escad., commandant la gendarmerie, à Angers; Bertrand, capitaine, commandant la lieutenance d'Angers.

Ponts et Chaussées

MM. Coindre, ingénieur en chef, rue Paul Bert, 35; Maréchal, ingénieur rue Fulton; Vidal, ingénieur, rue Volney; Florent, sous-ingén., à Saumur.

SERVICE SPÉCIAL DE LA LOIRE

MM. Maréchal, ingénieur ordinaire, rue Fulton, 32 *bis*; Florent sous-ingénieur, à Saumur.

Mines

M. Ichon, ingénieur, rue Pré-Pigeon, 22.

Administration des Finances

MM. Tournus, trésorier-payeur général, rue Delaâge; Tartron et Buan, fondés de pouvoirs; Hervé, comptable; Prudhomme, caisse des dépôts; Taragon, service de la dépense; Rabault, caissier; Chastenet de Géry, rue Chèvre; Boulabert, rue Proust prolongée, percepteurs à Angers; Latouche, receveur particulier, à Baugé; Chardon, receveur particulier, à Cholet; Abellard, receveur particulier, à Saumur; Léon Benoist, receveur particulier, à Segré.

Banque de France

M. Loubry, directeur de la succursale d'Angers, rue Joubert.

Direction des Contributions directes

M. de Jauvelle, directeur, rue des Quinconces, 10.

Les bureaux sont ouverts tous les jours, de 9 h. à 4 h.

Direction de l'Enregistrement et des Domaines, Timbre et Hypothéques

MM. Benoist, directeur, boulevard de Saumur, 55; Lemercier, inspecteur, place du Ralliement; Crespel, conservateur des hypothèques, rue Hanneloup, 14.

Administration des Contributions indirectes, des Tabacs et Octrois

M. Robiou du Pont, directeur.

Les bureaux de la direction sont à Angers, rue Volney.

M. Négrier de Murande, receveur principal.

Administration des Postes et des Télégraphes

M. Thiéry, directeur des Postes et Télégraphes. Recette principale, place du Ralliement, M. Sureau, recev. princip. — Bureau d'Angers-Doutre, boul. du Ronceray, M. Grangeneuve, recev. Les bur. sont ouverts de 7 h. du mat. à 9 h. du soir, en été (1er mars au 31 oct.), et de 8 h. du mat. à 9 h. du soir en hiver (1er nov. au 28 fév. Les affranchissements, chargements, articles d'argent, dépôt de valeurs à recouvrer et versements à la caisse d'épargne postale y sont reçus pendant toute la durée de l'ouverture du bureau. Le bureau des télégr. situé pl. du Ralliement, est ouvert de 7 h. du mat. à min. en été (1er mars au 31 oct.), et de 8 h. du mat. à min. en hiver (1er nov. au 28 fév.)

Distributions des Correspondances	1re dist. matin	2e dist. matin	3e dist. soir	4e dist. soir
Distribution pour la ville....	7 »	10 »	4 »	6 »
Pour la banlieue..........	7 »	» »	4 »	» »
Pour les communes rurales..	6 1/2	» »	» »	» »

Les 2e et 4e distributions n'ont pas lieu les dim. et fêtes.

Emplacement des boites supplémentaires

et Heures des Levées (a Angers)

EMPLACEMENT DES BOITES	HEURES DES LEVÉES				
	1re levée matin	2e levée matin	3e levée soir	4e levée soir	5e levée soir
La Chalouère..........	7 37	1 27	3 37	7 57	9 32
Faubourg-St-Michel..	7 27	1 17	3 27	7 47	9 22
Place du Lycée.......	7 10	1 »	3 10	7 30	9 5
Rue de la Madeleine..	6 58	12 48	2 58	7 18	8 53
Place André Leroy....	6 33	12 23	2 33	6 53	8 27
Rue Château-Gontier..	6 26	12 16	2 26	6 46	8 21
Rue de l'Académie....	7 32	1 22	3 32	7 52	9 27
Rue Saint-Aubin......	7 40	1 30	3 40	8 »	9 35
Place-Saint-Nicolas...	7 05	12 55	3 5	7 25	9 »
Place Lyonnaise.......	6 57	12 47	2 57	7 17	8 52
Place de la Laiterie...	7 13	1 3	3 13	7 33	9 8
Quai Ligny..........	7 20	1 10	3 20	7 40	9 15
Rue Boisnet..........	6 40	12 30	2 40	7 »	8 35
Place des Halles......	6 27	12 17	2 27	6 47	8 22
Boulevard de la Mairie	7 48	7 38	3 48	8 8	9 43
Rue Bodinier..........	6 31	12 21	2 31	6 51	8 20
Rue Pépinière........	6 42	12 32	2 42	7 2	8 37
Route de Paris........	7 22	1 12	3 22	7 42	9 17

Les dimanches et jours fériés la 5e levée n'a pas lieu

Poids et Mesures

MM. Pression, vérificateur, Denis, vérificateur-adjoint, à Angers ; Rouveraud, vérificateur, à Baugé ; Renaud, à Cholet ; Debonnière, à Saumur; Latour, à Segré.

Un bureau est établi au chef-lieu de chaque arrondissement ; celui d'Angers est situé rue de Paris, 35.

Octroi de la ville d'Angers

M. Grillon, préposé en chef.
Bureaux, montée Saint-Maurice.

Bureau central des Chemins de fer de l'État, Ouest et Orléans

Quai National, 31

Enregistrement des articles à grande et à petite vitesse aux mêmes conditions qu'à la Gare.

Roulages ordinaires et accélérés

MM. J.-P. Lucas et Cie, près la Gare. — Nicol, place du Pélican. — Boisseau, rue Plantagenet. — Messageries Nationales, rue Plantagenet.

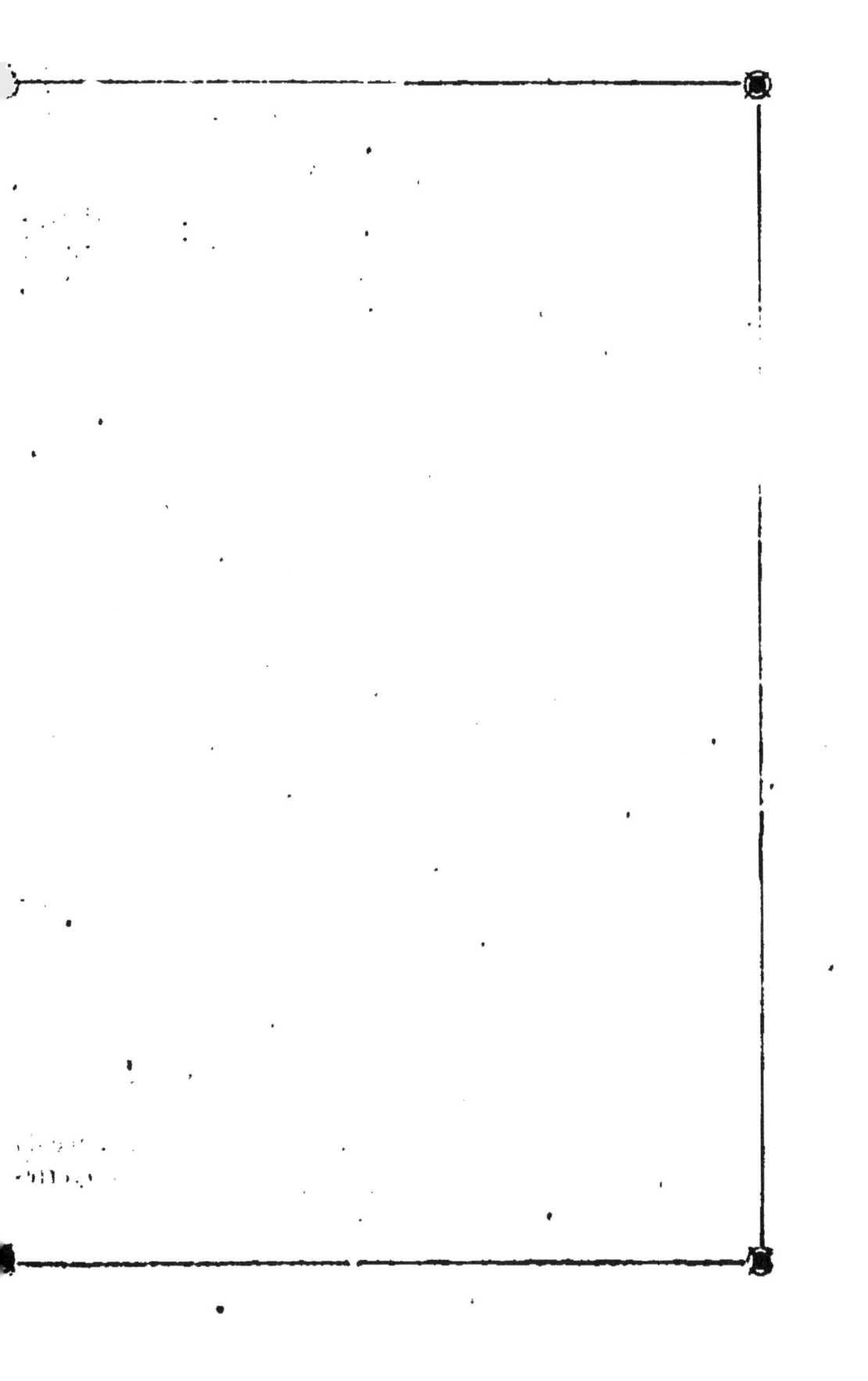

VOITURES PUBLIQUES D'ANGERS
ET MESSAGERS

NOTA. — *Ils partent les samedis et jours de foire s'il n'est pas indiqué autrement*

Alleçon, Arsandeau, maison Houdet.

Ambillou, Moreau, à la Sirène, rue Châteaugontiers.

Andard, Besnard, pl. Pélican, t. les soirs 5 h.

Angrie, Bedouet, Trois-Marchands.

Arrillé, Chauveau, hôt. Ste-Suzanne, mardi et mercr. 5 h. Cadeau, hôt. Couronne, jeudi samedi. Maréchal, Etoile d'Or, tous les soirs 4 h.

Baracé, Landeau, hot. du Maine, r. Thiers, 37.

Baugé, Masse, hot. Dauphin, mardi, sam. Bariller, hôt. St-Denis, t. les mat. 5 h. Mettay, hot. Pélican, mardi, jeudi, sam. 5 h. Candide, hôt. Pélican, mardi, sam.

Banné, Charnassé, Tête-Noire, r. Pierre-Lise.

Beaufort, Besnard, pl. Pélican, t. les soirs 5 h. Secrétain, Croix-de-l'Ormeau, r. Paris, mardi, sam.

Beaulieu, Denéchau, hôt. Dauphin, lev. Besnardière, Ménard, à la Sirène, t. les soirs, 5 h. Baudet à la Sirène, sam. Chévrier, à la Boule-d'Or, boul. des Pommiers.

Beaupreau, Rochard, à la Sirène, mardi et sam. Courant, Trois-Marchands, jeudi midi.

Beaureau, Phily, hôt. Notre-Dame, mardi, jeudi, sam.

Bécon, Bodinier, Trois-Marchands, mardi, sam. Houdin, hôt. Houdet, le sam.

Blaison, Mme Masson, au Bon-Coin, r. Châteaugontier. Compain, hôt. Sirène, t. les sam.

Bohalle (la), Vallet, café Pressigny, t. les jours 5 h.

Bouchemaine, Benon et Tourmeau, café Châlon, q. Ligny.

Bourg-d'Iré, Quinton, hôt. Ste-Suzanne. Godifier.

Bourgneuf, Clémenceau, hot. Dauphin. Pauvert, hot. de la Boule-d'Or.

Brain-s-l'Authion, Besnard, pl. du Pélican, t. les soirs 4 h.

Brain-s-Longuené, Bricard, hot. de la Couronne, mardi jeudi, sam. Mellet, hot. du Maine, vendr., sam.

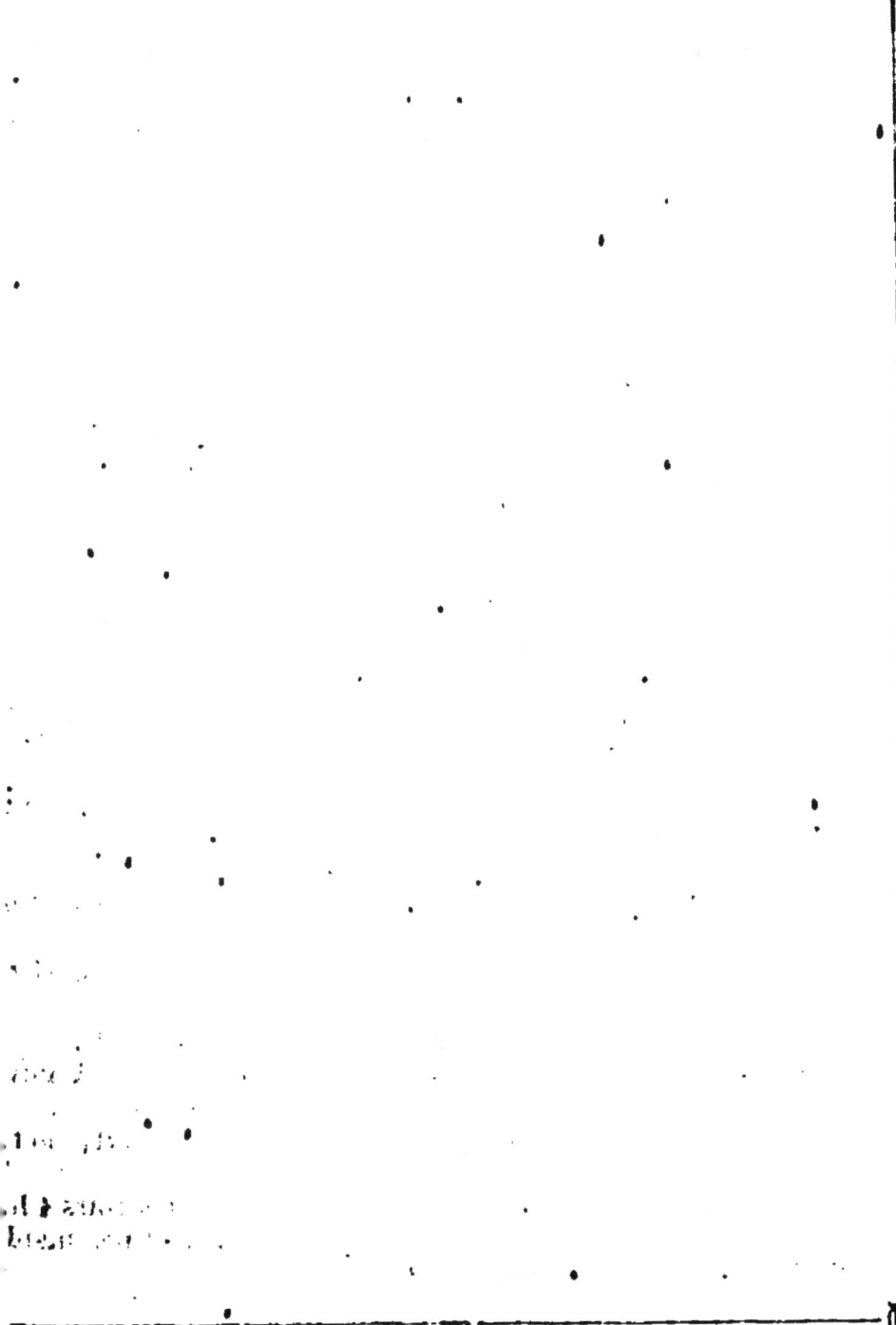

Brigné, Biat, au Chapeau-Rouge, r. Châteaugontier.

Briollay, Girard, r. du Commerce prol. maison Houdée, jeudi, sam. V' Fleury, café Bigot, sam.

Brion, Guy, à la Sirène, r. Châteaugontier, mardi, sam.

Brissac, Touret, à la Sirène, lundi, mercr., sam.

Brissarthe, Chaligné, le sam. maison Houdée, r. Commerce.

Candé, Douillard, aux Trois-Marchands. Beaudoin, hot. du Maine, Morineau, hot. du Maine.

Cernusson, Mornot, hot. Chapeau-Rouge, r. Châteaugont.

Chalonnes-s-Loire, Clémenceau, hot. Dauphin, Pasquier et Launay, café Châlon. q. Ligny, vendr. Tourneau, hôtel Butler, mardi, jeudi, samedi.

Challain-la-Potherie, Cottier, aux Trois-Marchands.

Chambellay, Gesnon, à Ste-Suzanne, r. Lyonnaise.

Le Champ, Bénion, à la Sirène, r. Châteaugontier.

Champigné, Lebreton, hot. du Maine, mardi, jeudi, samedi 4 h. s. Rochard, au Dauphin, mardi, samedi. Pagot, rue du Mail, 19, à 5 h. tous les mat.

Champtocé, Morin, hot. Trois-Marchands. Desrues, hot. du Lion-d'Or, boulev. de Laval.

Chanzeaux, Savary, à la Sirène, r. Château-Gontier, Ménard, à la Sirène, t. les soirs, 5 h. Moreau, à la Boule-d'Or. Charruau, à la Syrène.

Chapelle-du-Genêt, Courant, aux Trois-Marchands, mercr.

Chapelle-Hullin, Granger, à Ste-Suzanne, r. Lyonnaise.

Chapelle-St-Laud, Chapeau, hot. du Pélican.

Châteauneuf-s-Sarthe, Lebreton, hot. du Maine. Vinçonneau, chez Pichereau, r. Thiers

Châtelais, Granger, à Ste-Suzanne, r. Lyonnaise.

Chaumont, Clémenceau, au Dauphin, lev. Besnardière.

Chaussaire (la), Courant, aux Trois-Marchands, mercr.

Charagnes, Harsendeau, maison Houdet, rue Boisnet,

Chazé-sur-Argos, Mellet, hot. Maine, 2 dép., vend., sam. Dersoir, à Ste-Suzanne, sam. Cadeau, Trois-Marchands, sam.

Cheffes, t. les soirs, 4 h., Priou, chez M. Flon, quai Gambetta. 45. Gohier, tous les jours, 4 h., Etoile d'Or.

Chemellier, Vauvert, au Bon-Coin, r. Châteaugontier.

Chemillé, Diot, à la Croix-de-Fer, mardi, sam. Rochard, à la Sirène, mardi, sam. Lhommedée, hot. du Maine, vend.

Chenillé-Changé, Genson, à Ste-Suzanne, r. Lyonnaise.

Chemiré, Lebert, à St-Denis.

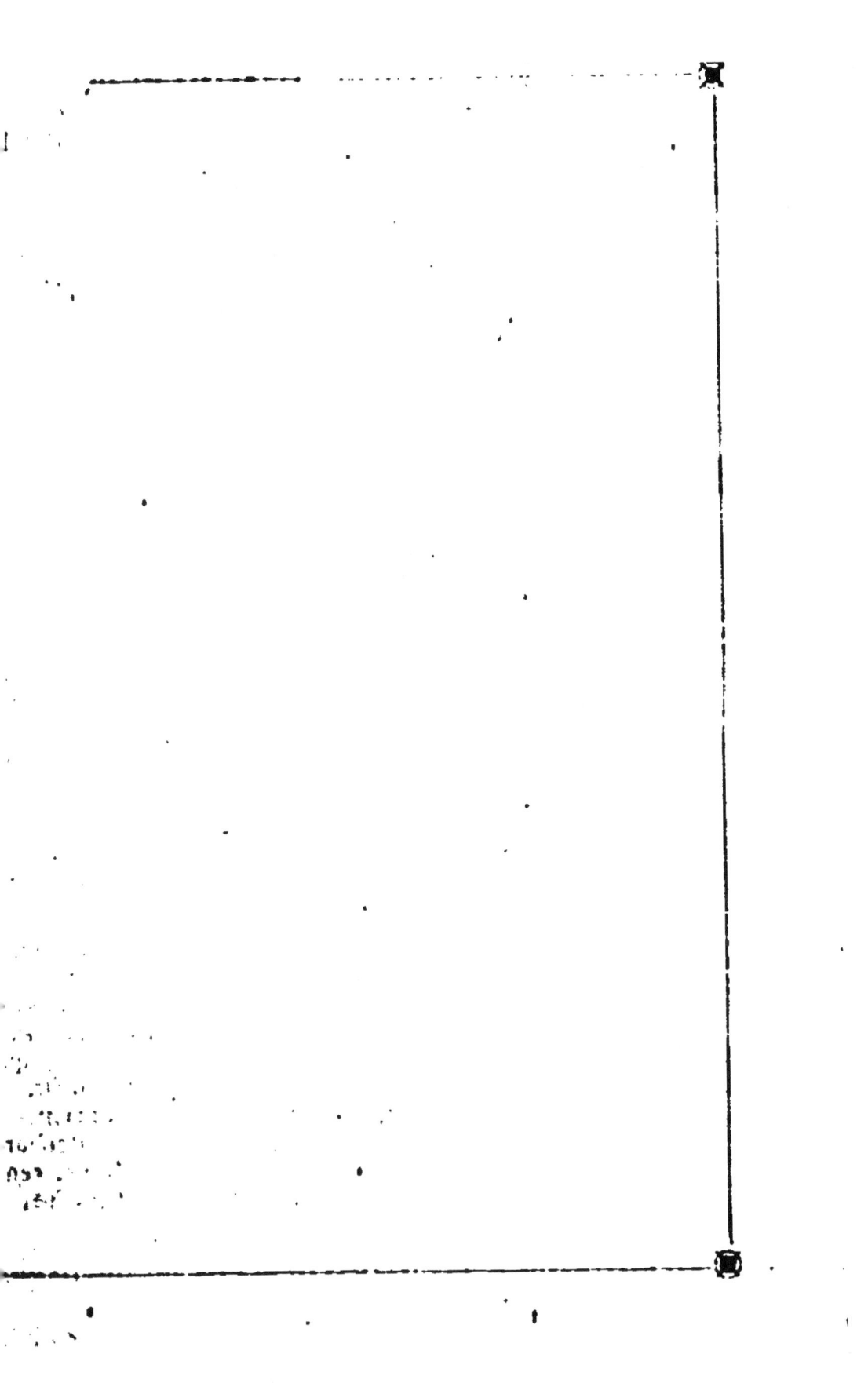

Cholet, Lhommedée, hot. du Maine, r. Thiers, 40, vendr.
Clefs, Viau. au Laboureur, r. de Paris.
Combrée, Desgré, t. les vendr., hot. du Maine.
Cornuaille (la), Chevallier, maison Houdet.
Corné, Maillard, hot. Pélican, Besnard, pl. Pélican, t. les soirs, 4 h., Mettay, hot. Pélican, mardi, jeudi, sam., 5 h.
Coutures, Ribordy, au Bon-Coin, r. Châteaugontier.
Craon, Bouleau, à Ste-Suzanne, r. Lyonnaise.
Daguenière (la), Vallet, café Bressigny, faub. Bressigny, t. les soirs, 5 h.
Daumeray, Buineau, à la Boule-d'Or, boul. des Pommiers, Lebert, à St-Denis.
Denée, Poirier, au Bon-Coin, mardi et sam. Borée, au Chapeau-Rouge, mardi, jeudi et sam., 5 h. Maugrain, voiture le lundi, sam. et jours de foire, fait la messagerie, à la Sirène.
Doué-la-Fontaine, Bellemère, à la Sirène, mardi, samedi.
Durtal, Souillé, maison Houdet.
Echemiré, Bariller, hot. St-Denis, t. les mat., 5 h.
Ecuillé, Alleaume, hot. du Maine, mardi, jeudi, sam., 4 h.
Etriché, Viron, au Dauphin. Goubard, à la Boule-d'Or.
Faye, Menard, à la Sirène, r. Châteaugontier.
Feneu, Leloup, hot. du Maine. Guinoiseau, à la Couronne. Alleaume, hot. du Maine, mardi, jeudi et sam., 4 h. Pierre, maison Houdet, tous les jours, 4 h. 1/2.
Flèche (la), Belleuvre, à la Boule-d'Or, boul. des Pommiers, mardi et sam.
Fontaine-Milon, Mettay, hot. Pélican, mardi, jeudi, sam, 5 h.
Fougeré, Thiéleu, hot. du Maine, mardi et sam. Sylvain Poulain, hot. Pélican, pl. Pélican, les jours de foires.
Gené, Belouin, Trois-Marchands, pl. des Arts, vendr.
Gesté, Courant, Trois-Marchands, jeudi.
Gonnord, Houdebine, à la Sirène, r. Châteaugontier.
Grez-Neurille, Maréchal, à l'Étoile-d'Or, t. les soirs, 5 h.
Ingrandes, Dérues, hot. Lion-d'Or, boul. de Laval. Conraut, café Châlon, quai Ligny, vendr.
Jaille-Ivon, Chauveau, à Ste-Suzanne, mardi et sam., 5 h.
Jallais, Rattardière, hot. Pélican. Rochard, à la Sirène, au
Jarzé, Hodet, à la Croix-de-l'Ormeau, sam. Lelouet, Laboureur, jeudi. Bariller, hot. St-Denis, t. les mat., 5 h.
Juigné-Béné, Besnard, pl. Pélican, t. les mat., 5 h. Alleau hot. du Maine, mardi, jeudi, sam., 4 h.

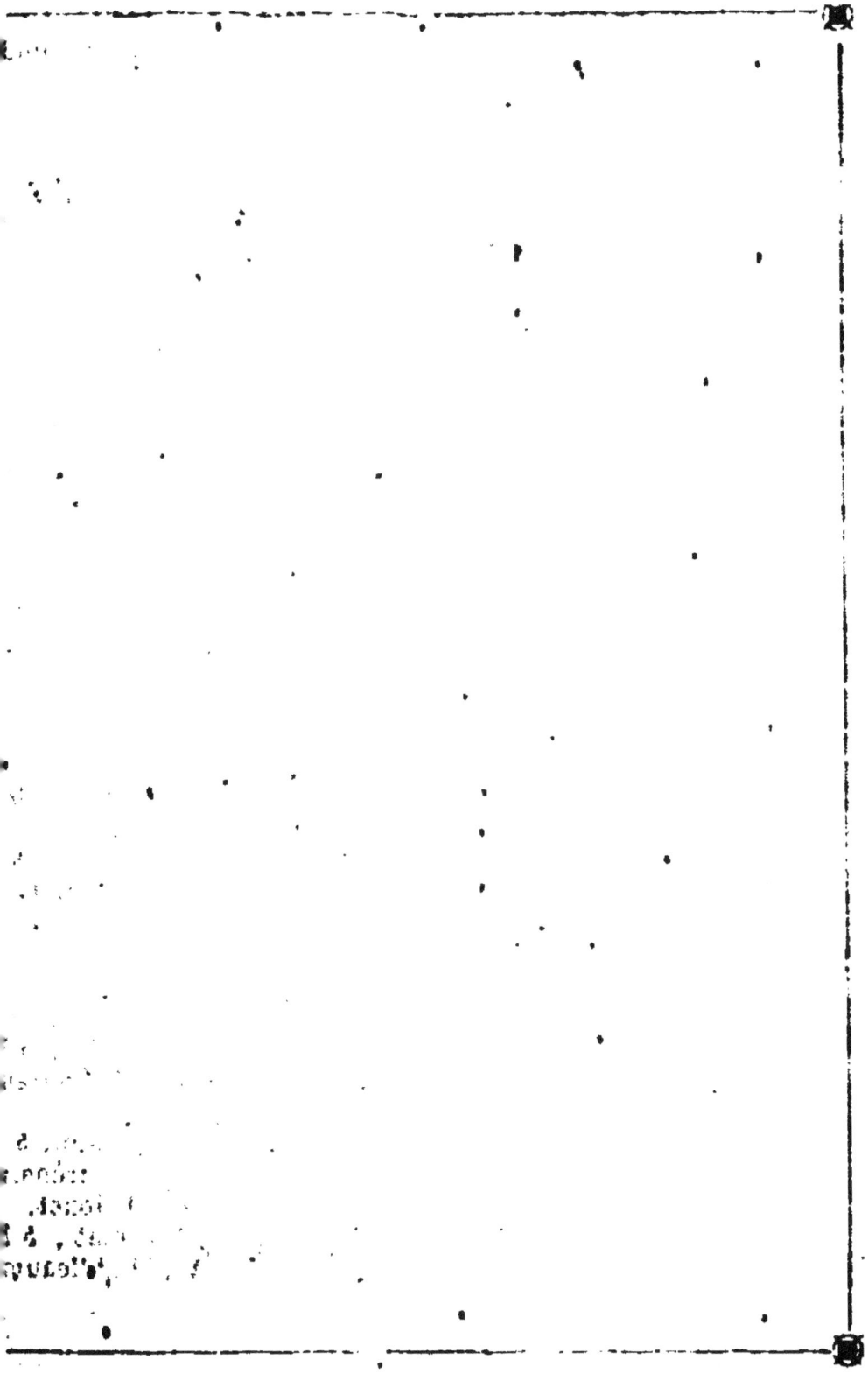

Lézigné, Poulain, à St-Denis.

Lion-d'Angers, Diot et Veillot, à Ste-Suzanne, mardi, jeud
et sam. Maréchal, Etoile-d'Or, q. Ligny, t. les soirs, 5 h. été.
Chauveau, à Ste-Suzanne, mardi et sam., 5 h.

Loiré, Mellet, hot. du Maine, vendr. et sam. Chicot, Trois-
Marchands, vendr.

Louroux-Béconnais (le), Thierry et Maussion, hot. Lion-
d'Or, sam. David, Trois-Marchands, pl. des Arts. Maison, à
l'Arche-Dorée, faub. St-Jacques.

Louraines, Chauveau, hot. Ste-Suzanne, mardi et sam., 5 h.

Lué, Martin, hot. St-Denis, faub. St-Michel, 9.

Longué, Secretain, à la Croix-de-l'Ormeau, r. Paris, mardi.

Machelles, Asseray, a la Croix-de-Fer, r. Châteaugontier,
mardi.

Marans, Belouin, Trois-Marchands, sam.

Marcé, Lorilleux, au Laboureur, r. de Paris.

Marigné, Gesnon, à Ste-Suzanne, r. Lyonnaise.

Martigné-Briant, Biat, au Chapeau-Rouge. Landard, a la
Sirène.

Mazé, Besnard, pl. Pélican, t. les soirs, 4 h.

Meignanne (la), Jules Lefret, sam. et jours de foire, buvette
du Jardin des Plantes.

Meilleraye (la), Mahais, café Châlon, quai Ligny.

Membrolle (la), Cadeau et Bricard, hot. Couronne, mardi,
jeudi et sam., Diot et Dersoir, hot. Ste-Suzanne, sam. Maréchal, Etoile-d'Or, quai Ligny, t. les soirs, 4 h.

Mesnil (le), Bureau, hot. du Maine, r. Thiers, 40.

Miré, Hérivault, à la Couronne, pl. Lyonnaise.

Montjean, Bureau, hot. du Maine, r. Thiers, 40. Couraud,
café Chalon, quai Ligny. Juret, pl. Visitation, mardi, vendr.

Montigné-les-Rairies, Bazot, hot. du Laboureur, r de Paris.

Montreuil-Belfroi, Maréchal, Etoile-d'Or, t. les soirs, 5 h.

Montreuil-sur-Loir, Sallé, hot. du Pavillon, r. Thiers, 87.

Montreuil-sur-Maine, Cotteverte, Trois-Marchands. Diot et
Chauveau, a Ste-Suzanne, mardi et sam., 5 h.

Montrerault, Malécot, maison Houdet, r. Boisnet, vendr.
Clémenceau, hot. du Dauphin, levée Besnardière.

Mozé, Ménard, a la Sirène, t. les soirs, 5 h.

Mûrs, Boré, au Chapeau-Rouge, mardi, jeudi et sam., 6 h.

Morannes, Laigneau, a la Boule-d'Or, boul. des Pommiers,
vendr. Delhommeau, a St-Denis.

Pellouailles, Sallé, hot. Pavillon, r. Thiers. Barilier, hot. St-Denis, le matin, 5 h.; Chatelain, cheval de Bronze, mardi jeudi, samedi 4 h.

Plessis-Grammoire, Lelièvre, hot. Tête-Noire.

Pointe (la), Tourmeau, café Chalon, quai Ligny.

Poiterinière (la), Cordier dit Manceau, hot. Pélican.

Possonnière (la), Gautier, café Chalon, quai Ligny.

Pommeraye (la). Bureau, hot. du Maine. Mabile, Boule-d'Or, mardi et sam.

Potherie (la), Cottier, Trois-Marchands, vendr. soir.

Pouancé, Juvin, au Pavillon. Lardeux, hot. du Maine.

Pouèze (la), Beauplat, Lion-d'Or. Dion, Bon-Laboureur. Pertuet, Bon-Laboureur. Rezé, café Chedanne, r. Boisnet 77, mardi, jeudi, sam. 4 h.

Prérière (la), Beaudouin, hot. du Maine, r. Thiers, 40.

Pruillé, Maréchal, Etoile-d'Or, t. les soirs, 4 h.

Querré, Conilleau, au Pavillon. Coudun, Trois-Marchands. Alleaume, hot. Maine, mardi, jeudi, sam., 4 h.

Rablay, Ménard, a la Sirène, t. les soirs, 5 h. Renou, a la Boule-d'Or.

Renazé, Grangé, a Ste-Suzanne, r. Lyonnaise.

Rochefort-sur-Loire, Taunay et Corden, café Chalon, quai Ligny.

Rairies (les), Souillé, Trois-Marchands, pl. des Arts.

St-Augustin, Touzé, au Cheval-de-Bronze.

St-Barthélemy, Mettay, hot. Pélican, mardi, jeudi, sam. 5 h.

St-Aubin-de-Luigné, Juteau, au Chapeau-Rouge. Ménard, a la Sirène.

Ste-Christine, Jarry, hot. du Maine, r. Thiers, 40, mardi.

St-Clément-de-la-Place, Rezé, café Chedanne, r. Boisnet, 77, 4 h. Cotteverte, Trois-Marchands, pl. des Arts, Beauplat, Lion-d'Or, sam.

St-Florent-le-Vieil, Porcher, maison Houdet, r. Boisnet.

St-Georges-des-Sept-Voies, Bussière, au Bon-Coin.

St-Georges-sur-Loire, Lestage, a l'Arche-Dorée, mardi et sam. Bureau, hot. du Maine.

St-Germain-des-Prés, Bureau, hot. du Maine, r. Thiers, 40, Desrues, Boule-d'Or, sam.

St-Jean-des-Mauvrets, Aubin et Riberdy, au Bon-Coin, r. Chateaugontier, sam.

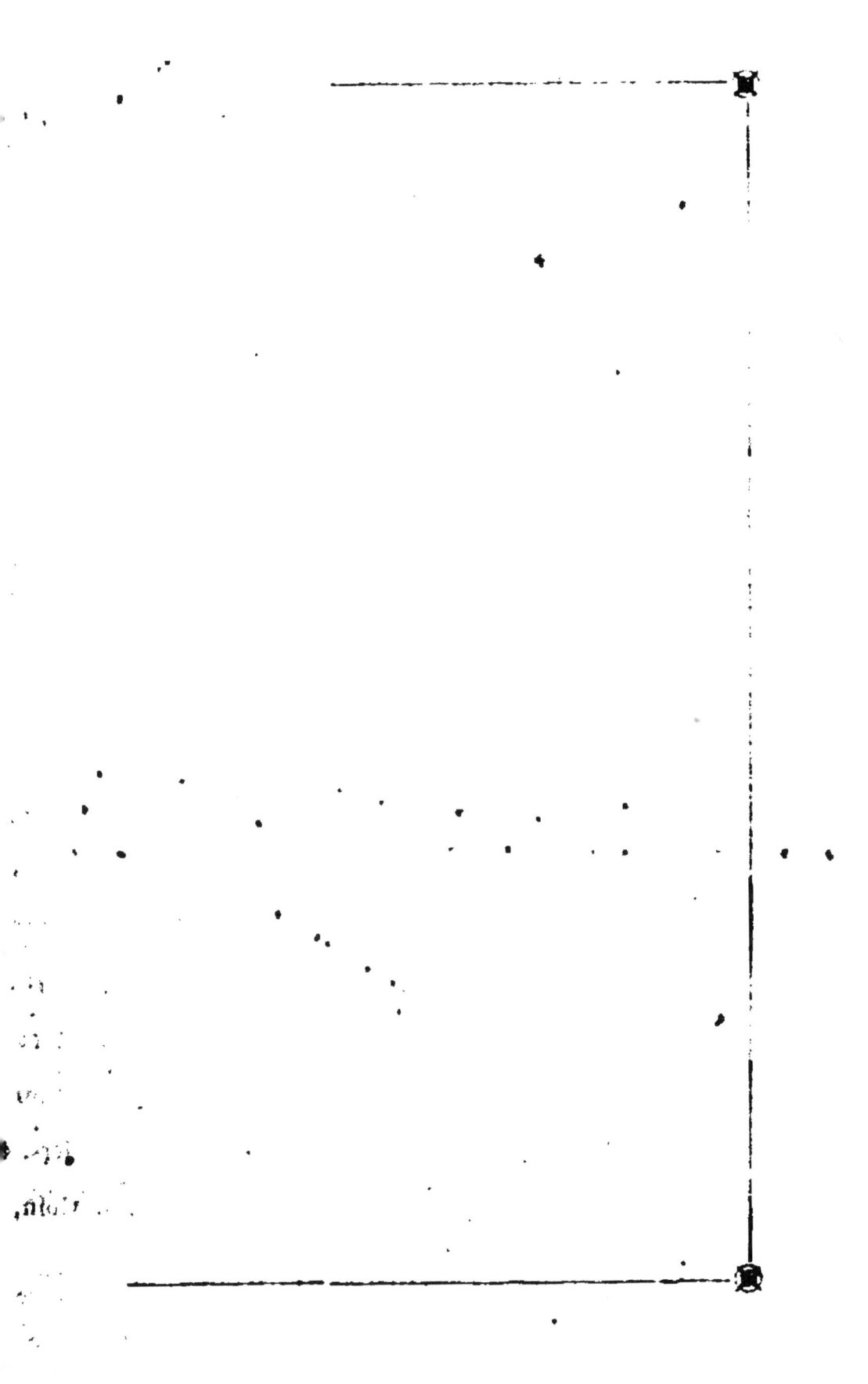

St-Lambert-du-Lattay, Brevet, a la Grille-de-Fer. Bidet, au Chapeau-Rouge. Ménard, a la Sirène, t. les soirs, 5 h.

St-Lambert-la-Potherie, Coquereau, Trois-Marchands.

St-Martin-du-Bois, Chauveau, hot. Ste-Suzanne, mardi et sam., 5 h.

St-Martin-du-Fouilloux, Bureau, hot. du Maine, r. Thiers.

St-Mathurin, Vallet, café Bressigny, t. les soirs, 5 h.

St-Melaine, Senil, à la Sirène, t. les soirs, 5 h. Baugé, au Bon-Coin, r. Chateaugontier, sam.

St-Michel-et-Chanveaux, Beaudouin, hot. du Maine.

St-Rémy-la-Varenne, Bouchet, au Bon-Coin, r. Chateaugontier.

St-Saturnin, Aubin, Riberdy et Vauvert, au Bon-Coin.

St-Sigismond, Guillot, Boule-d'Or, boul. des Pommiers.

Sarrigné, Bois, au Dauphin, levée Besnardière.

Sarennières, Riffault, café Chalon, quai Ligny, Faucillon, hot. Barrat, mardi et samedi.

Sceaux, Alleaume, hot. du Maine, mardi, jeudi, samedi 4 heures.

Segré, Granger. a Ste-Suzanne, r. Lyonnaise.

Seiches, Pribu, maison Houdet. Doisneau, Croix-de-l'Ormeau, sam.

Soucelles, Chatelain, Cheval-de-Bronze.

Soulaines, a la Sirène, r. Chateaugontier, t. les soirs, 5 h.

Soulaire-et-Bourg, Alleaume, hot. du Maine, mardi, jeudi et sam., 4 h.

Thouarcé, Gautreau, a la Sirène. Blon, a la Sirène, mardi et sam.

Tancoigné, Mornot, hot. Chapeau-Rouge.

Tiercé, Bury et Bigot, au Dauphin, levée Besnardière.

Tigné, Mornot, hot. Chapeau-Rouge, r. Chateaugontier.

Vergonnes, Leduc, Trois-Marchands, pl. des Arts.

Vern, Derouin, hot. du Maine, r. Thiers, mardi, jeudi, sam.; Hallopé, hot. Dauphin.

Vieil-Bauge (le), Mettay, hot. Pélican, mardi, jeudi, sam., 5 h.

Vihiers, Péan, a la Sirène, r. Cha   gontier, vendredi.

Villemoisan, Rabineau, hot. Butler, qu. des Carm.

Villevêque, Chatelain, Cheval-de-Bronze, mardi, sam., 4 h.

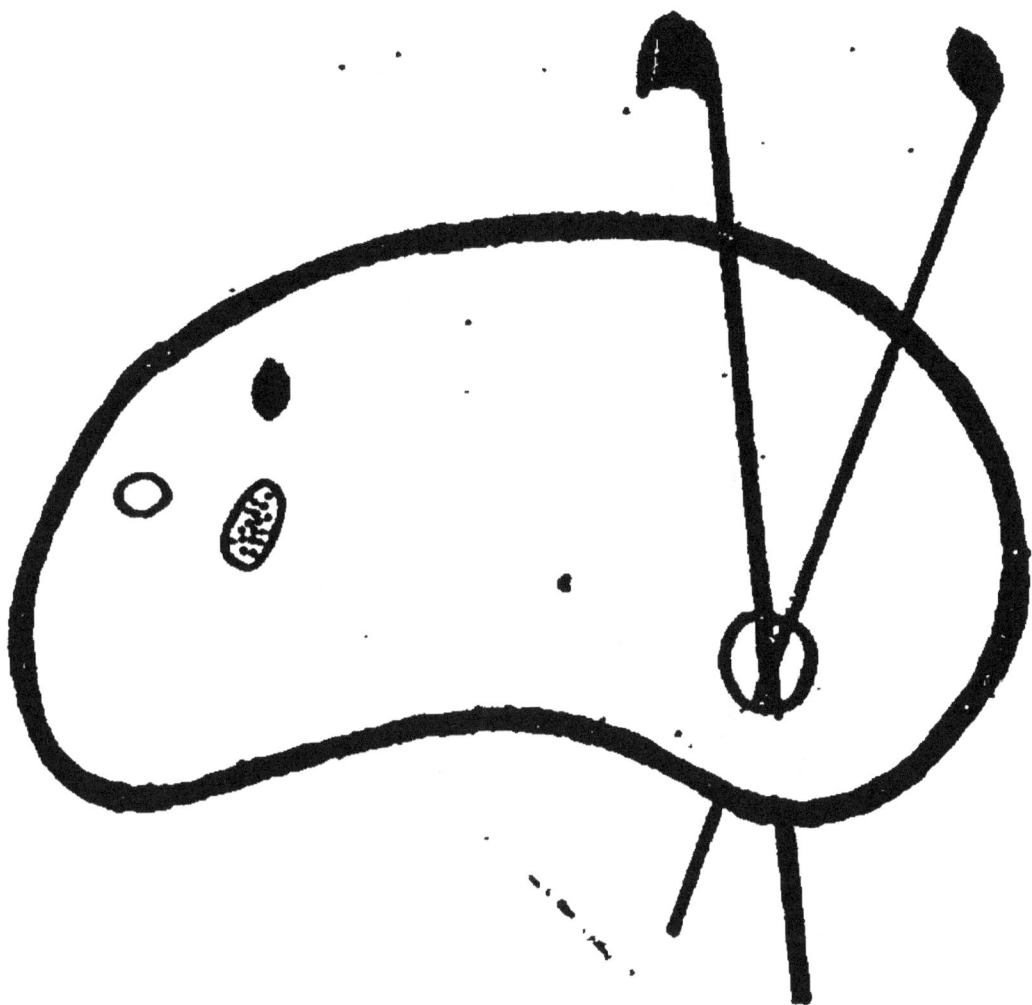

ORIGINAL EN COULEUR
NP Z 43-120-8

Jour	1890 JUILLET ● 4 h. 2 à 8 h. 5	AOUT ● 4 h. 34 à 7 h. 37	SEPTEMBRE ● 5 h. 19 à 6 h. 41	OCTOBRE ● 6 h. 1 à 5 h. 36	NOVEMBRE ● 6 h. 48 à 4 h. 36	DÉCEMB. 1890 ● 7 h. 34 à 4 h. 4
1	M S. Thibaut	V Ste Sophie	L S. Gilles	M S. Remi	S TOUSSAINT	L S. Éloi
2	M ○ Visite N.D.	S S. Pier. aux L.	M S. Alphonse	J SS. Ang. gar.	D TRÉPASSÉS	M Ste Bibiane
3	J S. Anatole	D S. Étienne p.	M S. Grégoire	V S. Denys	L S. Hubert	M S. Fulgence
4	V Ste Berthe	L S. Dominiq.	J Ste Rosalie	S S. Fr. d'Ass.	M ☾ S. Charles	J ☾ Ste Barbe
5	S Ste Zoé	M S. Lucain	V S. Bertin	D ☾ S. Placide	M Ste Bertille	V S. Nizier
6	D Ste Angèle	M TRANSFIGUR.	S ☾ S. Eleuth.	L S. Bruno	J S. Léonard	S S. Nicolas
7	L Ste Aubierge	J ☾ S. Gaétan	D S. Cloud	M Ste Juliette	V S. Ernest	D S. Ambroise
8	M Ste Céline	V S. Émilien	L LA NATIVITÉ	M Ste Brigitte	S RELIQUES	L S. Alfred
9	M ☾ S. Cyrille	S S. Cassien	M S. Omer	J S. Denys év.	D S. Mathurin	M Ste Léocadie
10	J Ste Félicité	D S. Laurent	M Ste Pulchérie	V S. Fr. Borgia	L S. Juste	M Ste Valère
11	V Tr. S. Benoît	L Ste Suzanne	J S. Hyacinthe	S S. Probe	M S. Martin	J S. Damase
12	S S. Gualbert	M Ste Claire	V S. Raphaël	D S. Conrad	M ● S. René	V ● S. Romaric
13	D S. Eugène	M S. Hippolyte	S S. Maurille	L ● S. Édouard	J S. Brice	S Ste Luce
14	L FÊTE-NAT.	J S. Eusèbe	D ● Ex. de Ste Cr.	M S. Calixte	V S. Pantène	D S. Nicaise
15	M S. Henri	V ● ASSOMPT.	L S. Nicomède	M Ste Thérèse	S Ste Gertrude	L S. Eusèbe
16	M N.-D. du M. C.	S S. Roch	M S. Corneille	J S. Gal	D S. Eucher	M Ste Adélaïde
17	J ● S. Alexis	D S. Mammès	M S. Lambert	V Ste Edvige	L S. Agnan	M Ste Olympe
18	V S. Frédéric	L Ste Hélène	J S. Ferréol	S S. Luc	M S. Romain	J ☽ S. Gatien
19	S S. Vinc. de P.	M S. Louis év.	V S. Janvier	D S. Savinien	M ☽ Ste Élisabet	V S. Cyprien
20	D Ste Marguerit.	M S. Bernard	S S. Eustache	L S. Agricol	J S. Edmond	S S. Philadelph.
21	L S. Victor	J S. Privat	D ☽ S. Mathieu	M ☽ Ste Ursule	V Prés. de N.D.	D HIVER
22	M Ste Madeleine	V S. Pie	L AUTOMNE	M S. Phil. Mar.	S Ste Cécile	L S. Fabien
23	M S. Apollinaire	S ☽ Ste Jeanne	M S. Lin	J S. Léotade	D S. Clément	M Ste Victoire
24	J Ste Christine	D S. Barthélem.	M S. Gérard	V S. Magloire	L S. J. de la Cr.	M Ste Émilienne
25	V ☽ S. Jacq. m.	L S. Louis r.	J S. Firmin	S S. Crépin	M Ste Catherine	J NOËL
26	S Ste Anne	M S. Zéphirin	V Ste Justine	D S. Évariste	M ○ S. P. d'Al.	V ○ S. Étienne
27	D S. Pantaléon	M S. Césaire	S S. Cosme	L ○ S. Frumence	J S. Maxime	S S. Jean ap.
28	L S. Nazaire	J S. Augustin	D ○ S. Vencesl.	M S. Sim. S. J.	V Ste Blanche	D SS. Innocents
29	M Ste Marthe	V S. Merry	L S. Michel	M S. Narcisse	S S. Saturnin	L Ste Éléonore
30	M S. Rufin	S ○ Ste Rose	M S. Jérôme	J S. Marcel	D AVENT	M S. Sabin
31	J ○ S. Ignace	D S. Fiacre		V S. Quentin	FOURNIER DUBREUIL	M S. Sylvestre

www.ingramcontent.com/pod-product-compliance
Lightning Source LLC
Chambersburg PA
CBHW070935280326
41934CB00009B/1880